幕末　日本近代化の夜明け前

幕末

日本近代化的黎明前

洪維揚 著

BAKUMATSU
THE END OF THE EDO PERIOD

第3部 幕末諸隊、團體簡介
第4部 在日外國人與日本女性簡介

3.4.

幕末

目次

第三部　幕末諸隊・團體簡介　6
一、松下村塾　9
二、薩摩精忠組　17
三、高須四兄弟　27
四、土佐勤王黨　32
五、新選（撰）組　39
六、新徵組　76
七、京都見迴組　80
八、奇兵隊　89
九、長州諸隊　101
十、海援隊・陸援隊　105
十一、御陵衛士　126
十二、江戸三大道場　134
十三、幕末四大人斬　141

第四部 在日外國人與日本女性簡介 158

一、在日外國人 161
1 西博德 161
2 培理 167
3 哈里斯 169
4 阿禮國 172
5 巴夏禮 174
6 哥拉巴 178
7 薩道義 180
8 侯許 184
二、日本女性 187
1 齋藤吉 187
2 本壽院 191
3 天璋院篤姬 193
4 御國御前由羅 204
5 幾島 206
6 觀行院 208
7 靜寬院宮親子內親王 211
8 村岡 216

9 野村望東尼 217
10 木戸松子 219
11 中西君尾 223
12 新島八重 225
13 杉文 228
14 大浦慶 230
15 坂本乙女 235
16 登勢 237
17 楢崎龍 239
18 千葉佐那 243
19 三木琴 248
20 愛加那 250
後記 254
参考書目 257

附錄

・江戶時代時辰與現代時間對照表 263
・幕末年號與將軍在位年間對應表 263
・幕末年號改元表 264
・幕末時期大老、老中在職年間一覽 266
・江戶幕府職制表 266
270

幕末年號＋江戶時刻對照表
歡迎讀者加以參考利用

3.

第3部

幕末諸隊團體簡介

〈函館五稜郭奮戦之図〉

一、松下村塾

若對幕末・維新時期的歷史有一定的了解，皆知薩長土肥乃倒幕四大雄藩，因此維新政府重要官員皆由這四藩——之後改為薩長——壟斷。然而，卻有個奇妙的現象，在維新政府裡擔任高官的長州人，沒有一個來自上士。伊藤博文、木戶孝允、山縣有朋、井上馨、野村靖、山田顯義、品川彌二郎這些擔任高官的長州志士，其共同點為他們都曾在吉田松陰的松下村塾受教，松下村塾出身的才是長州藩的嫡系。

由於在歷史上留名的松下村塾學生皆出自吉田松陰的門下，因而造成松下村塾乃吉田松陰創立的錯覺。事實上創立松下村塾者另有其人，到吉田松陰手上方始打響松下村塾的名號，在松陰死後松下村塾又繼續存在三十餘年才告終。

天保十三（一八四二）年，松陰的三叔玉木文之進於萩城下松本村（山口縣萩市大字椿東）成立一間只要有心向學，武士、百姓（農民）、町人都能入學的私塾，玉木命名為松下村塾，因此松下村塾其實與松陰的名字無關。

筆者在第二部第二章中提到，培理第二次來日簽訂《日美和親條約》後，松陰與友人金子重輔化名趁夜間駕小舟接近培理艦隊的船艦密西西比號，結果兩人因為意圖偷渡外國而在江戶被關押一陣子，後來兩人被遣送回長州。安政四（一八五七）年刑期屆滿後，松陰繼承叔父的松下村塾，在一間只有八疊（大約四坪左右）大小的室內上課（之後擴增到十八疊、約九坪大）。

松陰九歲擔任藩校明倫館的兵學師範，十一歲親自為藩主毛利慶親講學，學識之淵博早已傳遍全藩。因此松陰在松下村塾授課的消息一傳出，立刻在萩城下造成轟動，不少中下級武士及百姓町人前來受教，甚至有遠從藩廳萩城以外之地慕名而來的學生。

松陰的學生中資質最高、最受松陰喜愛的為久坂玄瑞、高杉晉作兩人，被稱為是「松下村塾的雙璧」。松陰以「識之高杉、才之久坂」來形容二人，筆者認為用《論語．子路篇》的內容形容兩人的個性更為貼切：

> 不得中行而與之，必也狂狷乎？狂者進取，狷者有所不為也。

狂者當然是高杉晉作，狷者則是久坂玄瑞。松陰曾如此形容高杉：

「識見氣魄他人難以企及，不受任何人的駕馭。」

松陰將最小的妹妹嫁給久坂，即二〇一五年NHK大河劇《花燃》的主人公杉文（久坂死後改嫁楫取素彥，改名楫取美和子，詳見第四部介紹）。久坂、高杉再加上入江九一、吉田稔麿四人合稱「松下村塾的四天王」。

松陰在松下村塾任教只有短短不到兩年的時間，卻吸引超過五十名（一說九十名）弟子。除上述四天王外，還有伊藤俊輔、山縣狂介、山田市之允、野村和作（入江九一之弟，維新回天後改名靖）、品川省吾（維新回天後改名彌二郎）、寺島忠三郎、松本鼎造（維新回天後改名鼎）、前原一誠、松浦龜太郎、有吉熊次郎（已故作家有吉佐和子的曾祖父）、岡部富太郎、渡邊蒿藏（唯一一個活到昭和年間的學生）、正木退藏、增野德民、駒井政五郎、玉木彥助（玉木文之進長男）、飯田正伯（松陰學生中年紀最長）、杉山松助、齋藤榮藏、生田良佐等人。上述的學生中，幾近半數（十一個）在維新回天之前死去。

桂小五郎與松陰的年紀相仿，雖沒有正式進入松下村塾成為松陰的學生，但桂與井上馨早年就學於藩校明倫館時曾受過松陰的教導，兩人也都與松陰及松下村塾的學生維持良好的關係，因此習慣上桂與井上二人也一併視為松陰的學生。

包含桂和井上馨在內，松陰的學生中一共出過二位共六任的首相（伊藤博文四任、山縣有朋兩任）、三位元老（伊藤、山縣、井上）、五位大臣（山縣曾任第一次伊藤內閣、黑田清隆內閣、第一次山縣內閣的內務大臣，以及第二次伊藤內閣的司法大臣；井上馨曾任第一次伊藤內閣的內務大臣、黑田清隆內閣的農商務大臣、第二次伊藤內閣的內務大臣以及第三次伊藤內閣的大藏大臣；山田市之允顯義曾任第一次伊藤內閣、黑田清隆內閣、第一次山縣內閣、第一次松方正義內閣的司法大臣；野村和作曾任第二次伊藤內閣的內務大臣、第二次松方正義內閣的遞信大臣；品川彌二郎曾任第一次松方正義內閣的內務大臣）。明治十七（一八八四）年《華族令》頒布後，松陰的學生中有二位公爵（伊藤、山縣）、一位侯爵（井上）、一位伯爵（山田）、二位子爵（野村、品川）以及一位男爵（松本鼎）。

松下村塾的學生由於成長背景不同，資質、悟性也都有所差異，因此天資聰穎、悟性高的、為松陰喜愛的成為一個集團，如松陰四天王。優等生與劣等生互看不順眼並非只存在於現代社會，在松下村塾亦有此情形。明治．大正．昭和時期的漢學者牧野謙次郎在其著作《維新傳疑史話》記載以下這則軼聞：

山縣有朋有一次向高杉晉作問道自己和吉田稔麿相比優劣如何？高杉聽了只是笑笑，說道：

「應該是不相上下吧？若將吉田比喻為座敷[1]，你就是進出房間的玄關，不論好壞都能從玄關進出。」

吉田聽到這件事後，畫了一幅畫，畫中有一頭離群的野牛、一個戴烏帽子的和尚、一柄木刀以及一根木棍。吉田帶著這幅畫去找山縣，然後對他說道：

「你看我畫了什麼。畫裡有一頭離群的野牛，猶如高杉那樣與眾不同，誰也無法羈絆住他。戴烏帽子和尚的是久坂玄瑞，他將來會是坐在大居室裡的人才。木刀所指的是入江九一，他比高杉和久坂略遜一些，所以只是一柄木刀，木刀雖不能斬人，卻能給人帶來威脅。」

吉田言盡於此。一會兒果然山縣指著木棍問道：

「這根木棍指的是誰？」

1 座敷：日式建築中鋪著榻榻米的房間。

吉田早就在等著山縣發問，立刻說道：

「這根木棍就是你，平凡無奇、一點長處也沒有。」

牧野謙次郎這則軼聞若可信，可見日後在明治政壇呼風喚雨的山縣有朋在松下村塾時代不僅資質平庸，而且一無是處，難怪會被松陰四天王看不起。

筆者再舉一個與山縣有朋有關的例子。大正十一（一九二二）年二月一日山縣有朋以八十四歲高齡辭世，由於他的功勳顯赫因此政府在二月七日於日比谷公園為其舉辦國葬，將他風光下葬。然而到場致意的民眾門可羅雀，扣除親人、官僚外幾乎沒什麼人來送行。比山縣稍早於同年一月十日、同樣以八十四歲辭世的前首相大隈重信，一月十七日也在日比谷公園舉辦國葬，不少民眾主動前去參加大隈的告別式，號稱有三十萬之眾，大隈的高人氣與山縣的冷冷清清成為最明顯的對比。

松陰雖是儒學者出身，但是在松下村塾裡松陰不常傳授塾生高深的知識，反而教導他們勤於實踐，與陽明學的教育理念十分貼近。以下這段話可說是他教導的核心：

沒有夢想就沒有理想，（夢なき者に理想なし）
沒有理想就沒有計畫，（理想なき者に計画なし）
沒有計畫就沒有實行，（計画なき者に実行なし）
沒有實行就不會成功，（実行なき者に成功なし）
故，沒有夢想是不會成功的。（故に、夢なき者に成功なし）

松陰與友人金子重輔化名趁夜間駕小舟接近培理艦隊的船艦密西西比號一事，正是松陰重視行動的表現。松陰四天王受到他精神的感召，紛紛投效於勤王事業，結果四天王都在維新回天前倒下，而且都活不到三十歲（高杉晉作廿九歲、入江九一廿八歲、久坂玄瑞廿五歲、吉田稔麿廿四歲）。

松陰於安政六（一八五九）年十月廿七日在江戶傳馬町牢屋敷遭到斬首後，松下村塾由其叔父玉木文之進接手，松陰時入門求教的塾生幾乎都離去。不過玉木同時也在藩校明倫館任教，因此武士多半到明倫館去，百姓和町人才來松下村塾。另外曾有一名武士遠從下關長府前來在松下村塾待上一段時間，受到玉木轉贈松陰親筆著作《士規七則》，這位長府藩來的年輕武士即是日後明治天皇崩御為其殉死的陸軍大將乃木希典。

明治九（一八七六）年十月廿八日，受到九州不平士族掀起的敬神黨之亂（十月廿四日～廿五日，於熊本）以及秋月之亂（十月廿七日～十一月十四日，於福岡縣朝倉市）的鼓舞，松下村塾出身的前參議前原一誠，率領對新政府不滿的士族在萩城下掀起叛亂，是為「萩之亂」。

玉木文之進響應前原一誠，亦率領松下村塾學生起義反對新政府，而曾為村塾食客的乃木希典此時已晉升為陸軍少佐，擔任步兵第十四聯隊長（位在小倉城），奉命平定秋月之亂，繼而又奉命平定萩之亂。

十月三十一日，玉木文之進的養子——同時也是乃木希典之弟——玉木正誼戰死。十一月六日，前原一誠敗象已定，玉木文之進扛起責任切腹，之後松下村塾於明治十三年改由玉木長兄杉百合之助的長男杉民治（松陰的兄長，長女豐子之夫婿即為玉木正誼）經營，至明治中期杉民治因年老決定永久關閉。

二〇一五年六到七月間，松下村塾以「明治日本的產業革命遺產：製鐵・製鋼、造船、石炭產業」登錄進世界文化遺產中。

二、薩摩精忠組

如果說上節提到的松下村塾是明治時代長州藩的嫡系，那麼本節提及的精忠組可視為薩摩藩的嫡系。精忠組，也可寫成「誠忠組」，何者為是並無一定。據勝田孫彌撰述的《大久保利通傳》指出，成立的時間大致上是在安政六（一八五九）年的秋天，距離島津齊彬去世已有一年之久，由此看來精忠組的成立應該與齊彬無關。

不過，已故的日本學者佐佐木克教授認為，精忠組的成立時間可以提前到安政五年十一、二月之間。據佐佐木教授引用的《大久保利通文書》及《西鄉隆盛全集》中提及西鄉被流放到奄美大島前在山川港待潮期間的安政五年十二月廿九日，曾接到大久保寄來的信件寫道：

值此之時，兄卻要渡海流放外島，盟中之人心難掩失望之情……

佐佐木教授認為，信中的「盟中」即是指精忠組。

據《大久保利通文書》記載，精忠組成員的名單如下：

大島渡海　菊池源吾（西鄉吉之助）

在藩　堀仲左衛門（伊地知貞馨）

岩下佐次右衛門（方平）

大久保正助（利通）

有村俊齋（海江田信義）

有馬新七

吉井仁左衛門（友實）

奈良原喜左衛門

伊地知龍右衛門（正治）

鈴木勇右衛門

稅所喜三左衛門（篤）

樺山三圓（資之）

中原猶助
山口金之進
本田彌右衛門（親雄）
高橋新八
森山棠園（新藏）
森山新五左衛門
江夏仲左衛門
奈良原喜八郎（繁）
永山萬齋
野津七左衛門（鎮雄）
道島五郎兵衛
大山彥助
坂本喜右衛門
大山角右衛門（綱良）

野本林八
山之內一郎
有村如水（國彥）
野津七次（道貫）
高橋清右衛門
中原喜十郎
鈴木源右衛門
鈴木昌之助
西鄉龍庵（從道）

在江戶

有村雄助
有村次左衛門
山口三齋
田中直之進（謙助）
高崎猪太郎（五六）

益山東碩

旅行　仁禮源之丞（景範）

平山龍雪

鵜木孫兵衛

赤塚源六（真成）

在伊集院　坂本六郎

坂本藤十郎

京都詰　德田嘉兵衛

以上共計四十八名。

精忠組以西鄉和大久保為領袖，然而，精忠組成立不久後西鄉便遭受流放奄美大島的命運，之後雖一度獲釋卻又立即得罪久光，再度流放到德之島（之後轉往沖永良部島）。也因為精忠組成立後大部分的時間西鄉都被流放在外，使得大久保成為精忠組實際上的領袖。

島津齊興死後「父以子貴」、以藩主生父身分主導薩摩藩政的島津久光想藉由拉攏藩士之間組成的集團以鞏固自己的地位，有四十餘名藩士組成的精忠組自是極佳的拉攏對象。而且精忠組所有成員都是中下級武士，苦無出人頭地的機會，只要從中拔擢一部分的成員即能將精忠組收為己用。對久光而言精忠組可說是勢必要拉攏的組織，而身為精忠組領袖的大久保也是久光務必要重用的對象。

這對君臣在互相需要的情形下相遇，久光折服於大久保的識見及膽識，因此不斷提拔他的職位。另外又任命年輕的小松清廉（帶刀）為家老，雖然薩摩藩還有其他家老，然而其他家老多半跟隨在藩主島津忠義身旁，島津忠義只是名義上的藩主，因此忠義身旁的家老也連帶被架空權力。

元治元（一八六四）年二月西鄉得到赦免返回薩摩，接著在三月趕往京都與久光會合，幕末時期薩摩藩的鐵三角在此成形。精忠組成員如堀仲左衛門、岩下佐次右衛門、有村俊齋、吉井仁左衛門、伊地知龍右衛門、稅所喜三左衛門也相繼受到久光的重用。

維新回天後，精忠組成員屬西鄉和大久保的功勞最大，分得到賞典祿[2]永世二千石及一千八百石的賞賜，是藩主除外賞賜最高的武士（得到一千八百石賞賜的尚有木戶準一郎及廣澤真臣）。進入明治時代後，西鄉在政壇上兩度辭職，在大久保強大的光環下顯得黯然失色，同樣黯然失色的還有堀仲左衛門、岩下佐次右衛門等人。倒是在幕末時期默默無聞的西鄉從道、野津鎮雄・道貫兄弟，因在戊辰戰爭率軍參戰立下戰功，從此選擇往軍界發展。由於薩摩是倒幕的主要支柱，薩摩人在軍中的升遷往往比其他藩要來得快，例如西鄉從道在明治七（一八七四）年出兵台灣前夕已是陸軍中將，西南戰爭結束後取代兄長成為近衛都督。大久保利通身亡後遞補為參議，同時兼任陸軍卿。明治十八年十二月實施內閣制，由於海軍缺乏名氣響亮的人物，因此西鄉從道從陸軍轉到海軍，擔任首屆內閣第一次伊藤博文內閣的海軍大臣。

之後除第一次松方正義內閣外，到進入二十世紀為止，西鄉從道幾乎都是海軍大臣的不動人選，即便明治三十一（一八九八）年六月薩長藩閥政府的高牆為政黨攻破，繼而成立的第一次大隈重信內閣（也稱為隈板內閣，板是指板垣退助）也不得不留任前內閣（第三次伊藤博文內閣）的陸海軍大臣桂太郎和西鄉從道。

對此，戰前的軍事評論家伊藤正德在其著作《軍閥興亡史》中曾引用桂太郎的這席話：

2　賞典祿：對於維新回天有功的公卿、大名及藩士，政府以家祿作為賞賜，可分成永世祿、終身祿、年限祿三種。

「我倆（桂和西鄉）雖奉敕命留任原職，但如新內閣的方針與吾等不相容時，則吾等只好有違聖意，不能盡其職責。因此在舉行親任式以前，希望瞭解內閣的根本方針，以便決定進退。」

大隈雖是個聰明人，但是並非薩長出身，對於桂和西鄉的場面話不甚了解，因此桂將前述的場面話講得更為直白：

「政黨的主張是縮小軍備，不知是否能改變主張，而同意必要的軍事設施？」

這句話的言下之意再清楚不過了：

「政黨的主張與軍部的主張格格不入，為了內閣的存在請務必改變原先的主張。」

桂和西鄉一副如果內閣不接受軍部的要求動輒以辭職作為倒閣手段的態度，擺出對內閣總理大臣恫嚇的口氣。內閣自大隈總理、板垣內務大臣以下竟毫無招架之力，只能乖乖就範，對軍部的要求照單全收。竟比薩長人士組成的內閣更為屈從，難怪桂和西鄉對政黨內閣相當不屑：

「一般人說新內閣是政黨內閣，但必須說它是以政黨為基礎的半身不遂之內閣。」

轉換跑道進入海軍的西鄉從道在日清戰爭期間晉升為第一個海軍大將，在第三次伊藤博文內閣期間成為第一個海軍元帥，是戰前帝國皇軍唯一一個在陸軍和海軍都有中將以上官階的軍官。西鄉因為長期擔任海軍大臣之故，在海軍省擁有一定的實力，後來也成為可決定首相人選的元老。

至於野津鎮雄自薩英戰爭即為薩摩藩披掛參戰，之後參與戊辰戰爭、明治七年的佐賀之亂以及明治十年的西南戰爭，因上述戰役的戰功晉升陸軍少將。明治十三年六月，隨侍明治天皇進行四次全國巡幸時病倒，七月病逝，之後追贈陸軍中將。

野津鎮雄之弟道貫與兄長一同參與戊辰戰爭，幾乎無役不與，一路打到箱館，西南戰爭亦與兄長一同出兵與薩摩子弟作戰，因戰功晉升陸軍中將，明治十七年頒布《華族令》時敘為子爵。日清戰爭與桂太郎在平壤以極少的犧牲人數重創清軍，因戰功晉升陸軍大將、近衛師團長、教育總監等職。

日俄戰爭爆發後日本相繼派出由陸軍大將黑木為禎率領的第一軍、陸軍大將奧保鞏率領的第二軍、陸軍大將乃木希典率領的第三軍前往作戰。然而每一軍都陷入苦戰，因此明治三十七（一九〇四）年日本又派出野津道貫率領第四軍前往遼陽支援。

隔年一月乃木大將攻下旅順要塞後戰況傾向對日本有利，一到四軍集結起來由滿州軍總司令官大山巖指揮。歷經半個多月的大小戰役於三月十日在奉天（瀋陽）大會戰擊敗俄軍（戰後這天被定為陸軍紀念日），率領第四軍的野津道貫在戰後成為元帥，爵位也晉升到侯爵。

三、高須四兄弟

高須藩位於美濃國石津郡高須（岐阜縣海津市），位於現今岐阜縣最西南端的位置，石高三萬石，是御三家之一的尾張家之支藩（御連枝）。

高須藩最初是美濃松木城主德永壽昌的領地，他在關原之戰立下攻克高須城的戰功，戰後論功行賞以高須城作為新領地，石高五萬石。德永壽昌死後，長男昌重在大坂之陣立下戰功加封至五萬七千石，然而卻因大坂城石垣普請的工事懈怠而遭三代將軍家光改易。

寬永十七（一六四〇）年小笠原貞信從下總關宿轉封美濃高須，石高維持二萬二千石。元祿四（一六九一）年小笠原貞信轉封至越前勝山（石高依舊二萬二千石），高須藩廢藩，納入天領並設置代官所。

元祿十三（一七〇〇）年尾張藩二代藩主德川光友將次男松平義行封於高須，成為尾張藩的支藩。第十代高須藩主松平義建扣除掉夭折之外，共有七名兒子，其中以次男義恕（慶恕、慶勝）、五男義比（茂德、茂榮）、七男容保、八男定敬最為有名，被稱為「高須四兄弟」。

松平義建的次男生於文政七（一八二四）年，幼名秀之助，元服後改名松平義恕，嘉永一

（一八四九）年六月繼承尾張藩藩主時由將軍德川家慶賜以偏諱，改名慶恕。襲封藩主後慶恕在藩內進行以儉約政策為主的藩政改革，取得不差的成果，加上御三家筆頭的身分，讓他在之後的黑船事件取得一定程度的發言權。在這段時間結識後來一橋派的島津齊彬、松平春嶽、伊達宗城、山內容堂等親藩及外樣大名。

安政五（一八五八）年六月廿四日，慶恕與松平春嶽、德川齊昭等親藩大名在非登城日強行登江戶城，叱責井伊大老未得天皇敕許擅自簽訂修好通商條約。結果三人皆因井伊大老反擊的「安政大獄」遭受隱居處分，慶恕的長男只有兩歲，不適合繼承藩主，慶恕只得委由第十一代高須藩主松平義比襲封尾張藩主。

松平義建的五男生於天保二（一八三一）年，幼名鎮三郎，由於義建的長男、四男夭折，次男和三男早早過繼到其他親藩家，因此鎮三郎自幼被義建視為嫡男養育，元服後改名建重，嘉永三（一八五〇）年襲封藩主再改名義比。安政五年七月公布安政大獄的懲處名單，義比意外成為尾張藩藩主，接受將軍家茂的偏諱，改名茂德。

文久二（一八六二）年八月島津久光挾朝廷之命強行推動幕政改革，在安政大獄受到懲處的親藩、外樣大名都解除謹慎的處分，獲得赦免，茂德於翌年自行宣布隱居，傳位慶恕長男元千代，由已被赦免的慶恕擔任後見職、輔佐元千代。

元治元（一八六四）年七月廿三日起朝廷下令征討長州，在幕府的動員下總計有三一五個藩響應，軍隊多達十五萬。八月七日幕府下令由慶恕擔任征長總督、越前藩主松平茂昭（春嶽養子）擔任征長副總督、薩摩藩士西鄉吉之助擔任征長總參謀（有關征長之役詳見第二部第十二章及第十五章）。

關於義建的七男銈之助，筆者在第一部第二章以及第二部多章皆曾提及，因此幕末的部分不再贅述。義建的八男幼名亦名銈之助，生於弘化三（一八四六）年，十三歲成為沒有藩主的伊勢桑名藩（石高十一萬三千石）的末期養子，叙從五位下越中守，改名定敬。

定敬十八歲被任命為京都所司代，與擔任京都守護職的兄長松平容保、將軍後見職的一橋慶喜共組半獨立於幕府的「一會桑政權」，在禁門之變中定敬率領桑名藩軍與容保率領的會津藩軍奮力擊退長州藩，於第二部第十一章亦提到過。

慶應二（一八六七）年十二月，慶喜成為第十五代將軍、由一橋家繼承德川宗家，在德川慶恕和松平容保的斡旋下，德川茂德得以成為一橋家當主，名字跟著改為一橋茂榮。

鳥羽・伏見之戰幕軍潰敗，慶喜成為首號朝敵，僅次於慶喜的朝敵是容保・定敬兄弟。

容保在會津戰爭結束、會津城開城降伏後被送往江戶監禁，定敬則奮戰到翌年箱館戰爭結束為止。高須四兄弟在幕末期間因政治立場不同，導致維新回天後受到不同的待遇，慶勝（慶恕在維新後的名字）被新政府任命為議定，因王政復古而敘為從一位（實際上維新回天慶勝幾乎無功可言）。

一橋茂榮在官軍東下時特地前往江尻（靜岡縣靜岡市清水區）拜會東征大總督有栖川宮熾仁親王，向他請求對慶喜及德川宗家做出寬大的處分。茂榮雖未在新政府擔任任何官職，但茂榮的人品受到新政府的推崇，給予正二位的待遇。

容保是高須四兄弟在維新回天後處境最為悽慘的，會津戰爭後被當成戰犯先後送往鳥取藩、紀伊藩、東京等地監禁。此後歷任日光東照宮宮司、土津神社祠官及日光二荒山神社宮司，晚年的他曾拍過一張獨照，不過五十歲左右卻蒼老無比，不難想像維新回天後生活是如何的艱辛。

同為僅次於慶喜的朝敵定敬，待遇倒沒有容保來得淒涼，箱館戰爭結束後向新政府降伏，被送往伊勢津藩禁錮三年後獲釋。明治十年爆發西南戰爭，松平定敬還率領昔日桑名藩士響應新政府的徵召遠征薩摩。

明治十一年九月，高須四兄弟聚首，留下珍貴的唯一合照，之後數年慶勝、茂榮相繼辭世。

松平容保晚年的獨照　引自《幕末名家寫真集》，日本國立國會圖書館所藏

四、土佐勤王黨

文久元（一八六一）年四月，土佐藩士武市半平太以劍術修行的名義得到藩的許可前往江戶，隨著與長州、水戶、薩摩的攘夷派志士如桂小五郎、久坂玄瑞、岩間金平、樺山三圓等人的接觸，武市逐漸認同久坂繼承松陰提倡的「草莽崛起論」。

半平太原本便是個極有組織能力的人，他決定在土佐推動「草莽崛起論」。具體做法是把二百多年來被藩欺凌的鄉士團結起來、組成一個團體，利用上士間的不和與關係較為友好的一方合作、打倒另一方，一旦有一方被打倒，剩下的一方也不足為懼。然後擁戴謹慎中的前藩主山內容堂，由他率領舉藩勤王的土佐藩上洛接受朝廷的差遣。

不過土佐鄉士的知識水平普遍而言並不高，無法一下子向他們論及最終目的，因此半平太以打倒上士、舉藩勤王這種比較易懂的口號號召，於該年八月在江戶築地土佐藩下屋敷秘密成立土佐勤王黨。在江戶的土佐鄉士自不用說，連人在土佐的鄉士也爭先恐後地在盟約書上簽名，據現今流傳的名單來看共有一百九十二名，從出身來看可歸類如下：

上士	三名
陪臣	十七名
白札	十五名
鄉士	五十名
下士及其他	六十四名
庄屋	十九名
無法確定	廿四名

半平太當然排在盟約書的第一位，第二位是盟約書的起草人大石彌太郎，龍馬名列第九位，其餘如中岡慎太郎、間崎哲馬、土方楠左衛門、千屋寅之助、大利鼎吉、北添佶摩、高松太郎、平井收二郎、河野萬壽彌等人皆在盟約書上。另有部分雖未在盟約書上簽名，但以實際行動加入土佐勤王黨，如大石團藏、那須信吾、安岡嘉助、岡田以藏、古村寅太郎等人，使得土佐勤王黨的實際人數遠超過盟約書上簽名的人數。

土佐勤王黨成立後，半平太原本向土佐藩參政吉田東洋尋求合作，因為吉田東洋是筆者在第一部第三章提到、少數被山內伊右衛門提拔為為上士的原長宗我部氏家臣後裔。不過吉田東洋對半平太舉藩勤王的主張絲毫不感興趣，半平太只好改向東洋的政敵山內兵之助、山內民部和家老山內下總、柴田備後、五島內藏助等人合作，圖謀打倒吉田東洋。

文久二年四月，半平太命那須信吾、安岡嘉助、大石團藏等人暗殺土佐藩參政吉田東洋。東洋一死，圍繞在他身邊的新虎魚組成員如後藤象二郎、乾退助、佐佐木三四郎等人失去在政治上的依靠，於是半平太與柴田備後聯合參政，進入土佐政權的核心。當時長州已在桂小五郎、久坂玄瑞等松下村塾出身的塾生推動下推翻長井雅樂的「航海遠略策」，說服藩主毛利慶親舉藩攘夷，半平太也想讓土佐跟在長州之後舉藩攘夷。

文久二年的參勤交代因吉田東洋暗殺事件而延遲，在姻親三條實美(山內容堂的正室是公卿烏丸光政之女，以實美生父三條實萬養女的身分出嫁。而三條實萬的正室——實美的生母——是土佐藩第十代藩主山內豐策之女)的催促下山內豐範終於在該年六月底率領藩士上路。

二十四萬石的土佐藩其參勤交代的規模大致在六百餘人上下，然而此次參勤交代人數卻達將近二千人(已逼近薩摩藩的規模)，顯而易見這次參勤交代是有備而來，幕後的動員者應不出武市半平太。當時薩摩藩國父島津久光護送敕使大原重德前往江戶，傳達朝廷要幕府進行幕政改革的敕命，然而此次敕使的派遣無一言提及攘夷，讓京都的攘夷志士頗為不快。於是包含半平太在內的攘夷志士運作攘夷派公卿在朝議上決定再次派遣敕使前往江戶，以便督促幕府進行攘夷。

第二次敕使於十月十二日從京都出發，半平太化名柳川左門偽裝成副使姉小路公知的諸大夫跟隨前往江戶，一介鄉士竟能與朝廷敕使一同前往江戶傳達天皇的敕命，再也沒有比這更風光的事。

然而，危機隱藏在其中。島津久光的幕政改革中提到解除安政大獄受到謹慎處分的大名之罪，幕府為挽救人心同意照辦。於是松平春嶽、山內容堂、德川慶篤、一橋慶喜等一橋派大名紛紛被解除謹慎之罪，得以自由行動(只是無法恢復藩主的身分)，容堂在解除謹慎後前往京都，意外從青蓮院宮口中得知土佐藩正逐步邁向舉藩攘夷。

「深受幕府大恩的山內家豈能向朝廷靠攏？」

當下容堂在京都逮捕半平太任命的京都留守居役平井收二郎、間崎哲馬二人，並於文久三年三月返回土佐，容堂返回土佐代表他要徹底清除土佐境內的攘夷勢力。果然容堂一回到土佐立即啟用吉田東洋提拔的新虎魚組成員，由他們負責調查吉田東洋暗殺的始末，看來土佐將要變天。東洋被暗殺後失去政治依靠而形同丟官的後藤象二郎、乾退助等人，利用職權大肆逮捕土佐勤王黨成員，他們對白札出身的半平太還有所忌憚，但對於岡田以藏這種鄉士則是毫無顧忌、嚴加逼供拷打，一些鄉士在拷打過程中死去，儘管如此，仍沒有從任何一位鄉士口中問出有利的口供。然而，半平太還是難逃被捕下獄的命運。

在容堂清除土佐境內攘夷派的過程中，京都也發生文久三年的「八．一八政變」，回到土佐是死路一條的勤王黨成員選擇躲藏在京都民宅裡。不過在京都並不好過，京都所司代、京都町奉行、伏見奉行所、京都見廻組、新選組日夜在京都街道巡邏，只要被聽出是長州或土佐口音即可能當場遭到格殺。

在容堂及京都各組織的清除下，將近半數土佐勤王黨成員在維新回天前死去，據《維新土佐勤王史》一書的統計，土佐勤王黨的殉難者共有八十三人，他們的死幾乎都成為增長長州和薩摩倒幕的能量。剩下的半數勤王黨成員迎接維新回天的到來，在薩、長、土(上士)、肥的排擠下，僅有少數能夠擠進廟堂，其中以土方楠左衛門及河野萬壽彌兩人在新政府最有看頭。

土方楠左衛門於文久二年跟隨半平太上洛，之後留在京都。文久三年八月因「七卿落」跟隨三條實美等七卿前往長州，之後隨著五卿輾轉流落太宰府延壽王院，成為保護五卿的隨扈。之後土方與龍馬、中岡一起為薩長同盟締結出力，維新回天後最初被任命為東京府判事，之後轉任宮內少輔、內務大輔、太政官內閣書記官長、侍補、宮中顧問官、元老院議官等職務。在侍補任期（明治十一年～十二年）內曾與同為侍補的元田永孚、佐佐木高行、吉井友實一起推動天皇親政運動。

《華族令》頒布時敘土方為子爵，之後土方改任宮內大臣，因深得明治天皇信任，改敘伯爵。

而河野萬壽彌在土佐勤王黨名單上位列第七，加入土佐勤王黨時還不到廿歲，不過容堂在清除土佐勤王黨時並不因為萬壽彌年輕而放過他，文久三年被捕下獄，在獄中受到後藤象二郎、乾退助等新虎魚組長達六年的拷打逼問，萬壽彌並未因此屈服。維新回天萬壽彌得到赦免，出獄後改名敏鎌，受到佐賀藩出身的司法卿江藤新平賞識，歷任廣島縣大參事（相當於副知事）、司法大丞（司法省僅次於卿、大輔、少輔的三等官）兼大檢事（檢察官官名）。

然而明治七（一八七四）年二月江藤新平掀起佐賀之亂，河野敏鎌評估形勢後倒向大久保利通，之後歷任元老院議官及副議長、文部卿、農商務卿，「明治十四年政變」時與大隈重信一同下野。

同年十月為對抗蠻橫的藩閥政府，已持續數年的自由民權運動改朝組織政黨發展，黨名都已事先想好，板垣退助、後藤象二郎的政黨名為自由黨，大隈重信的政黨名為立憲改進黨。由於河野敏鎌出身土佐，因此板垣特地派人遊說河野，請他務必基於同鄉之誼加入自由黨。卻遭到河野一口回絕，因為他想起幕末期間身為土佐勤王黨的自己遭受土佐上士長達六年的拷問，當初拷問自己的人正是今日要求自己加入自由黨的板垣退助。

嚥不下這口氣的河野於是加入明治時代以來、在官場上與自己維持良好關係的大隈重信成立的立憲改進黨，成為該黨副總理，是立憲改進黨中少數土佐出身的人。筆者在第二部第十九章提到板垣、後藤二人因為無法清楚交代出遊歐洲的資金來源而遭到改進黨攻訐，進而演變成兩黨的衝突，其實自由、改進兩黨的對立早在成立時便因河野敏鎌的關係而種下不和的導火線。

五、新選（撰）組

談到幕末最有名的團體，如果本篇的主角新選組只能稱第二，恐怕沒有第一的存在。本篇在避免與前述內容重複的情況下，以較長的篇幅介紹幕末最有名的團體——新選組。

1 草創期

文久二（一八六二）年十一月，來自出羽庄內藩（山形縣鶴岡市）的鄉士清河八郎（原名齋藤正明）向剛上任的政事總裁職松平春嶽上呈《急務三策》：

一、斷然執行攘夷之策。
二、大赦仍被關押監牢的攘夷志士。
三、作育天下英才，為國效力。

一橋派在德川家茂繼任將軍後，改為提倡公武之間的調和，即公武合體論。既然提倡公武一合，為數眾多的攘夷派志士成為重大問題，放任不管必為有心人士利用。清河八郎的《急務三策》讓松平春嶽眼睛為之一亮，與好友山內容堂討論後決定將被赦免的攘夷志士編入幕府出資的浪士組，作為來年將軍上洛的護衛。清河八郎收到春嶽的回覆後登門造訪春嶽，提出願意以自己的聲望號召攘夷志士，為浪士組的建立貢獻心力。清河八郎早年曾遊歷庄內藩到江戶之間的日本各地，櫻田門外之變後在江戶成立具強烈攘夷思想的學塾「清河塾」（後更名為「虎尾會」），透過認識的幕府旗本松平上總介忠敏向老中板倉周防守勝靜提議組成浪士團，得到首肯。

之後幕府在江戶收編了二百三十四名攘夷浪人或立場傾向於攘夷的浪人，於文久三年二月八日在德川將軍家菩提寺傳通院（東京都文京區小石川三丁目，因家康生母之墓在此而得名）集結，從中山道板橋宿啟程。幕臣鵜殿鳩翁（名長銳）、山岡鐵太郎（名高步，號鐵舟）、松岡萬擔任浪士組取締役，不過這三人實際上應該只是管理性質的事務官。至於浪士組的發起人清河八郎則未擔任浪士組任何職務，顯然幕府對於將二百餘人的浪士組交給清河八郎一事有所戒心。

筆者在第二部第九章第二節中提到家茂於文久三年二月十三日率領三千名隊伍，取道東海道上洛，對照下可發現浪士組不僅提前動身，連路徑都與將軍不同調。浪士組雖是由攘夷浪人或立場傾向於攘夷的浪人組成，但浪士們內心各懷鬼胎，彼此間誰也看不起誰。

二百餘名浪士組被分為七隊，每隊各有一名小隊長，唯獨人數最多的第三隊有芹澤鴨和新見錦兩名小隊長，他們兩人以及追隨者平山五郎、野口健司、平間重助共五人皆是神道無念流的高徒，都有該流派免許皆傳的資格，人數雖只有五人，卻是股不可小覷的勢力。至於在芹澤底下的近藤勇、土方歲三、山南敬助、永倉新八、沖田總司、原田左之助、藤堂平助等試衛館派門人中，雖也有出自北辰一刀流的山南、藤堂，不過兩人的氣勢不能與芹澤相比，因此由芹澤與新見二人共同擔任第三隊小隊長。

二月九日晚上，浪士組在中山道六十九次宿場中的第十個本庄宿（埼玉縣本庄市，位於武藏國和上野國交界處）投宿，近藤勇已受清河之命先行安排全組組員的住宿。但不知近藤是故意或是疏失，在安排住宿過程中獨獨漏掉第三隊，脾氣暴躁的芹澤知道自己一行五人將露宿街頭，命第三隊其他隊士撿拾柴木，然後在街道上點起篝火。

清河對芹澤的作為感到頭痛，在宿場旁點起篝火，要是一不小心燒起來的話，浪士組必會被追究責任。

「豈可為這廝壞了我的事業？」

於是清河找來近藤，要他和芹澤道歉，近藤二話不說地向芹澤賠罪。然而芹澤可沒那麼好說話，對著近藤及其他試衛館成員破口大罵。此舉讓近藤感到不悅，手握刀柄，一副要拔刀決鬥的態勢，其他試衛館成員見狀也紛紛跟進。芹澤評估局勢後認為對方有九人（上述七人再加上新見錦底下的井上源三郎、齋藤一），己方只有五人，若是火拚起來對方的贏面似乎較大，於是芹澤抑制住怒氣對近藤說幾句場面話，以化解一觸即發的氛圍。

芹澤和近藤從這一晚起便在內心立誓終有一天一定要打倒對方，這也是芹澤等人的神道無念流和近藤等試衛館成員的天然理心流之間的對立。

二月廿三日，浪士組一行人終於抵達京都，對部分成員而言，進入京都或許才是他們加入浪士組的目的。當夜浪士組在山城國葛野郡壬生村（京都市中京區壬生一帶）附近投宿，近藤等試衛館成員住進壬生村鄉士八木源之丞家（位於壬生寺附近的坊城通和佛光寺通之間），此後直到元治元（一八六四）年年底左右遷往西本願寺為止，八木源之丞的家都作為浪士組（後改名壬生浪士組）的屯所使用。

當晚，清河八郎突然下令浪士組所有成員聚集在壬生新德寺（京都市中京區壬生賀陽御所町）的大殿，說出令所有人啞口無言的話：

「我等結盟於江戶傳通院，雖說是為了護衛將軍上洛，然而我等更應尊崇朝廷、聽命於朝廷，作尊王攘夷之先鋒。今後若幕府做出有違朝廷之行為，在天皇一聲令下，我等即刻奉命進攻。」

清河的言論等於公然反叛，然而浪士組成員多數是粗人，口才哪能與舌燦蓮花的清河相比？清河見眾人幾乎都保持沉默，接著說道：

「明日我立即進入御所謁見陛下，傳達我等的忠誠。」

這句話只是信口開河，無官無位的清河別說天皇，連御所都進不去。不過，翌日清河還真的行動起來，他奔走於朝廷公卿之間，希望公卿能代為進呈天皇，讓浪士組為朝廷承認。三月三日鷹司（輔熙）關白傳來天皇同意的好消息，同時也下令他們前往關東，去年八月發生生麥事件（請參照第二部第七章）之後，謠傳英國艦隊會在關東擇地登陸，因此鷹司關白派出使者要他們前往關東攘夷。為取信於清河，鷹司關白賜給清河日章旗（現在的日本國旗）作為軍旗。

說穿了，即便有日章旗作為軍旗，浪士組還是遠遠不敵英國艦隊，前去攘夷其實等於送死。不過清河並不這麼想，他立即向浪士組宣布：

「今日正是我等報效朝廷、建立不朽之功、護衛皇國之時，諸位速隨我東下。」

能言善道的清河，一席話便帶走浪士組中的二百一十名成員，剩下的廿四名成員可分為三個陣營：

一、以芹澤鴨、新見錦為首的六人集團（後來又加入佐伯又三郎）。

二、以近藤勇為首的九人試衛館派，加上阿比類銳三郎共十人。

三、根岸友山、殿內義雄、家里次郎、遠藤丈庵、清水吾一、鈴木長藏、神代仁之助、粕谷新五郎等八人。

芹澤與近藤難得有意見一致的時候，他們反對折回關東與英國艦隊作戰，其理由為：

「浪士組的本質為護衛將軍，如今將軍還在京都，豈有棄將軍而執行攘夷之理？」

對於這廿四名執意留下的浪士，清河倒也無意勉強，三月十三日率領其他二百一十一名成員返回關東，回到關東的清河不到一個月遭人暗殺，二百一十名成員也為幕府收編（詳細內容請見「六、新徵組」）。留在京都的廿四人有的像土方歲三耗盡家產才購得一把「和泉守兼定」的名刀，無非希望在京都闖出名號，如今卻成一場空，而且也無法指望從幕府那邊領到俸祿，連生計都成問題。

近藤和芹澤連日坐下來討論他們的未來該何去何從，不曉得何人提出前去投靠甫於去年底來到京都的京都守護職松平容保，讓浪士組接受會津藩的指揮。

「這倒是個好主意，說不定還有機會成為武士。」

對於出身武藏國奧多摩農民的近藤和土方而言，成為武士是他們加入浪士組的最終目的，唯有選擇效忠幕府才有成為武士的可能。芹澤認為投靠松平容保的確是當下所能想到的最好方法，然而他說道：

「浪士組的首領要由我擔任。」

出身水戶藩且是水戶天狗黨脫黨的成員，而且為江戶三大道場之一神道無念流的免許皆傳，名氣的確比農民出身、名不見經傳的天然理心流道場試衛館宗主來得響亮，這一點連近藤勇也不得不承認。

「當下還需要利用你的名氣，但總有一天……我會取而代之。」

三月十日，近藤勇主動前往京都守護職所在的金戒光明寺求見松平容保，並附上近藤、芹澤兩派共十七名（近藤派十人、芹澤派六人以及粕谷新五郎）浪士組署名的請願書，表明願意為幕府效命，希望能為京都守護職收編。當時松平容保苦於京都接二連三發生的「天誅」行動，容保上洛後池內大學、賀川肇等人遭到天誅，在將軍上洛前夕更發生了「足利三代將軍木像梟首事件」（有關天誅請參照第二部第八、九章）。

松平容保對於近藤等人志願前來投效，顯得無比高興，當下立即收編他們，於是浪士組改名為「壬生浪士組」，日後近藤等人被蔑稱為「壬生狼」即是出於此名稱。

前文提過留在京都的廿四名浪士組成員可分成三個陣營，其中根岸友山陣營八人中粕谷新五郎臨時倒向芹澤，其餘七人並未在浪士組請願書上署名，據近藤等試衛館的跟蹤、查探得知根岸等人是清河留在京都的眼線，清河要他們在京都招兵買馬，日後清河在關東起義，根岸等人將立即率領京都的同志前往助陣。對近藤等人而言，根岸陣營非除不可，而且他們也不打算通知芹澤等人，打算由現有的十人將其各個擊破。

近藤決定先挑曾在昌平坂學問所[3]就學的文武全才殿內義雄下手。三月廿五日，強邀殿內到近藤等人居住的壬生木八木家進行酒宴，席間不斷對殿內勸酒。酒宴結束後，步履蹣跚的殿內一離開，近藤與沖田總司立即跟隨在後，來到四條大橋（連結東山區與下京區）時沖田拔出愛刀「菊一文字則宗」從背後朝殿內腰部砍下，殿內當場死去，表情一臉安祥，可見殿內到死前都不曾想過會遇刺。

四月六日，阿比類鋭三郎突然死去，或說是病逝，或說是遭到殺害。四月廿三日起，將軍將搭船前往大坂灣視察攝海防御，預定廿五日在大坂灣上陸，為此近藤等人先行前往大坂。根岸集團中的根岸、遠藤丈庵、清水吾一、鈴木長藏等人以參拜伊勢神宮為由，中途先行離去，他們的離去應該與殿內義雄遭暗殺有關，最後一路逃回關東。不過家里次郎

3　昌平坂學問所：位於神田湯島的幕府朱子學官學校，維新回天後被併入大學本校，是東京大學的前身。

末與根岸等人同進退，為自己埋下死亡的命運。廿四日途經常安寺（京都市伏見區深草東瓦町）的家里受近藤等人的威逼，被迫切腹。

在近藤清除根岸集團的同時，粕谷新五郎與神代仁之助也趁隙逃跑，於是最初的浪士組員至今只剩十六名，算進到京都後招募的浪士則有約四十名。此時，芹澤提議將壬生浪士組改名為精忠浪士組，近藤等人表示贊同。

清除完浪士組的異議分子後，土方歲三積極招募新血，考慮到在不久的將來近藤等人將要與芹澤反目，確保招募的新血能夠成為自己人是非常重要的，因此招募新血的工作土方親力親為，絕不假手於芹澤陣營。而芹澤等人雖劍術高超，但是對於招募新血這種乏味工作，顯得興趣缺缺，既然土方歲三願意代勞，也樂得輕鬆。

不過，浪士組的經費相當欠缺，雖然會津藩發放過俸祿，但也僅止於三月十日那一次，對大部分浪士組成員而言，杯水車薪的俸祿很快便陷入捉襟見肘之境。於是芹澤帶著新見錦、野口健司、近藤、土方、沖田和永倉新八共七人前往以商業聞名的大坂，找上在今橋一丁目（大阪市中央區今橋一丁目）、開業甚久的兩替業[4]平野屋五兵衛借款一百兩，為證明自己會按期歸還，芹澤還煞有其事地寫下借據。

儘管芹澤如此大費周章，但是閱人無數的平野屋一眼看穿芹澤與當時在京坂一帶騙吃騙喝的攘夷派志士一樣，理由講得冠冕堂皇，真要他還錢可是一兩銀子也不會還。

「以我這間開業超過二百年的店鋪為賭注，一百兩你絕對還不出來！」

雖然明知芹澤絕對不可能還錢，但為打發芹澤這群牛鬼蛇神，平野屋忍痛交出一百兩。

平野屋在芹澤揚長離去後立即前往大坂町奉行所投訴，大坂町奉行所原本想壓下此事，然而芹澤食髓知味，以此招在大坂變相敲詐數家商家，受害的商家全到大坂町奉行所去投訴。町奉行所眼見壓不下來，只好把芹澤的借據全部送到金戒光明寺呈給松平容保。容保內心雖動怒火，但也憐憫芹澤是因為沒有固定俸祿才會做出這種脫序行為，尤其容保聽說芹澤向商家借貸金錢是為訂製浪士組的制服。因此容保除當下承諾會負責浪士組的俸祿外，還為浪士組成員訂做制服，即今日讀者在新選組相關戲劇看到的那一身青蔥色制服。

已經沉迷用敲詐手段取得大量金錢的芹澤，即便有固定的月俸也無法滿足他的需求。

4　兩替業：提供不同貨幣或紙幣與硬幣間兌換的行業。

文久三年六月三日，芹澤率領近藤、沖田、永倉、齋藤一、山南敬助、井上源三郎、平山五郎、野口健司以及新加入的島田魁共十人前往大坂，逮捕意圖對大坂城下手的攘夷浪士。浪士的劍術遠不如芹澤等人，很快遭到制伏，將他們押至大坂町奉行所後，近藤和井上在町奉行所內休息，其他人則在芹澤的帶領下前去遊廓尋歡。

芹澤走在跨越曾根崎川(流經大阪市北區和福島區)的蜆橋(大阪市北區)時，與一相撲力士有肢體上的碰撞，憤怒的芹澤拿出不離身的鐵扇朝碰撞他的力士重擊，相撲力士雖身強體壯，但被三百匁(約一千一百公克)重的鐵扇一打也是滿眼金星。芹澤繼續往前走又遇上先前相撲力士的同夥，芹澤一行八人遂將該力士打倒。

被打倒的兩名力士回到相撲部屋哭訴，當晚便有二十餘名力士來到芹澤一行人尋歡的住吉樓尋釁，芹澤等八人被迫拔刀迎戰。芹澤、山南、永倉分別在亂鬥中砍死三名力士，傷者十餘名，其餘力士紛紛逃走。但沖田及平山五郎亦在混亂時被力士的手勁掃到，受到不小的傷勢。為求自保，近藤將此事呈報大坂町奉行所。

「又是你們！」

町奉行所不願此事鬧到松平容保那裡去，直接找來力士要他們擺下酒宴向芹澤等人致歉，這件事才勉強壓下來。後來在八・一八政變前夕大坂力士前來京都，在祇園和壬生兩地與京都力士進行比賽，精忠浪士組還特地擔負起場地的警備工作。這件事不久又傳入容保的耳裡，好在這次事件平心而論，不能一面倒指責芹澤，相撲力士亦有過失。

之後芹澤安分一陣子，將軍於六月十三日在大坂搭乘順動丸返回江戶，將軍既已離開大坂，浪士組也無必要再滯留大坂，於是芹澤率領組員返回京都。

「謝天謝地！終於送走瘟神。」

芹澤回到京都後繼續為非作歹，像是到島原（京都市下京區西新屋敷中之町，與江戶的吉原、大坂的新町並稱三大遊廓）的太物問屋買衣服從不給錢，而且還搶走該店老闆的情婦阿梅作為自己的女人。當時位於近江境內的小藩水口藩（石高二萬五千石）公用方[5]已將此事記載下來，準備呈報會津藩公用方，由公用方再轉呈給松平容保。然而，芹澤卻從其他管道知曉此事，前往水口藩大鬧一番，直到取得該藩公用方人員的道歉函後才離去。此後

5　公用方：類似今日的外交機關，公用方的官員稱為公用人。

芹澤酒後發酒瘋時動輒拿出水口藩的道歉函來炫耀，水口藩雖是小藩也難以忍受芹澤這般羞辱，於是第八代藩主加藤明軌委託在二條通開設道場的直心影流宗師戶田榮之助，帶著水口藩若干家臣在島原的角屋設宴向芹澤賠罪，設法要回那張道歉函。

芹澤帶著情婦阿梅喜孜孜來到角屋二樓，戶田帶領水口藩家臣向他勸酒讓芹澤感到很有面子，笑嘻嘻地遞出道歉函。正當眾人以為一切事情將和平落幕時，芹澤突然像是發狂一樣從懷裡拿出鐵扇砸毀眼前所見一切物品，而且不只是物品，角屋的伙計、藝妓和舞女都成為芹澤毆打的對象。趁著角屋因為芹澤發狂陷入一團亂，戶田榮之助帶著水口藩家臣悄悄離去，角屋內觸目所及之物盡被芹澤砸毀，筋疲力盡的芹澤躺在角屋呼呼大睡。

翌日芹澤醒後，在若無其事地離去前還恐嚇老闆切勿張揚此事。

角屋事件最終還是從其他人口中傳開，松平容保對芹澤已是厭惡至極，他也好，近藤勇等試衛館成員也好，內心再也容不下芹澤鴨，抱定主意非除掉芹澤不可。

「再讓芹澤活著只會破壞中將大人（容保）及浪士組的名聲。」

八月適逢發生八．一八政變，京都守護職底下各個機關，包括京都所司代、京都町奉行、伏見奉行所及精忠浪士組（當時尚未成立京都見廻組）都處在備戰狀態，因此暫時擱置處理芹澤鴨一事。

2 全盛期

前文提過芹澤因會津藩發放的俸祿過少而率領浪士組成員前往大坂，向平野屋敲詐一百兩。事實上芹澤之後還陸續向加島屋、鴻池屋（皆位在大坂）敲詐數百兩黃金，鴻池屋的始祖據說是戰國名將山中鹿之介幸盛之子，以釀酒業發跡，之後定居大坂並進軍兩替業，代代沿襲鴻池善右衛門之名，是關西有名的豪商。幕末時期鴻池屋的當主為第十代善右衛門，因鴻池屋名氣過大被迫接受幕府分派的支援海防經費之任，在角屋事件之前被芹澤町上索取五百兩黃金，鴻池善右衛門幾經討價還價後，減為二百兩黃金。

這些猶如黑道老大的行徑先後傳開，芹澤已成為京坂一帶最令人頭痛的人物，一些地痞流氓也有樣學樣地打著精忠浪士組的名號向大坂豪商敲詐，商家個個苦不堪言。然而，芹澤並未見好就收。最脫序的一次當數文久三年八月十二、三日間向京都經營生絲綢緞的大和屋（位於葭屋町通與一條通交界處，京都市上京區葭屋町）庄兵衛勒索，芹澤因勒索過程不順而親自放火燒毀大和屋的倉庫，才讓庄兵衛奉上足額的黃金。

這件事得從七月廿三日說起。當時有一群大和天誅組成員竄入京都，以天誅的方式殺害不法奸商、奪其商鋪中的錢財，並將奸商的首級擺到三條大橋梟首，在首級旁附上斬奸狀揭露奸商的罪狀。同時寄出恐嚇信給包含大和屋在內的另外四家奸商，上面寫道：

「下一個就是你！」

庄兵衛嚇得破膽，趕緊前往金戒光明寺向松平容保報告，容保將這件事交付精忠浪士組，吩咐他們負責保護大和屋。一聽到保護豪商，芹澤精神為之一振，立即摒除他人獨自承攬，他整日在大和屋前後遊蕩，趁機向大和屋要求不少玩樂的銀兩。大和屋起初慇懃對待芹澤，只要芹澤開口都盡力滿足，可是芹澤要求的金額及次數愈來愈多，大和屋仔細算計後認為直接給天誅組一筆錢還比較划算，因而私下與天誅組交易，之後嚴格控管給芹澤的銀兩及次數。

芹澤聽聞此事後異常惱怒，徵調浪士組成員前往大和屋，幾個月來浪士組在土方等人的努力招募下，已成長為擁有超過六十名成員的組織。土方招募的人員原本不輕易聽命芹澤，但芹澤以金錢為誘餌，只要隨他前去大和屋都能分到黃金，於是除試衛館成員外，約三十餘名浪士組員跟隨芹澤出動。

大和屋事件突顯出浪士組紀律鬆散的一面，土方記取此次教訓，於日後制定嚴格隊規規範浪士組員。

不少野史記載此次芹澤動用大砲對準大和屋，然而根據專攻日本近代政治史．日本政治思想史的松浦玲教授指出：

……似乎不是事實，至少目前缺乏證據佐證新選組那時便擁有大砲。另外，使用火炮之事並未記載於任何一本史料中，各種史料一致表明他們是親自動手點燃倉庫，而非藉助火器。

八月十二、三日之際，芹澤率眾以棍棒砸毀大和屋倉庫的門鎖，把大和屋存放的生絲及綢緞搬到外面點火引燃。町火消(江戶時代的消防組織)發現葭屋町通烈焰沖天，當他們趕到現場時卻被芹澤攔下，芹澤向浪士組員下達嚴禁任何人靠近的命令，並爬上大和屋屋頂觀看火勢，大和屋共七處倉庫，都在芹澤的指揮下付之一炬。

大和屋事件持續到十三日傍晚才落幕，大和屋幾乎全毀，芹澤見狀收手而回，雖說大和屋對不起芹澤在先，但是芹澤的手段未免過於激烈。大和屋事件很快地又傳播開來，松平容保已決定除掉芹澤，再放任芹澤只會破壞精忠浪士組的名聲，連帶也賠上會津藩、京都守護職的聲譽。

數日之後發生八·一八政變，容保及會津藩心力自然都放在政治上，尚無暇處理芹澤的事。

八·一八政變於十八日當日曉七時左右接近完成，長州藩被解除堺町御門的警備任務，將近晝九時浪士組成員通過蛤御門，準備前往建禮門南邊的御花畑與守衛堺町御門的長州藩兵對峙，此時警備蛤御門的會津藩兵並不認識芹澤，也不認識近藤，連半個浪士組成員都不認識，因為他們是最近才從會津調來守備御所的藩兵。

會津藩兵喝止欲強行通過的芹澤：

「且慢！我等奉中將大人之命鎮守此門，不得讓閒雜人等通行。」

芹澤拿出鐵扇緩緩張開，只見上面寫著：「精忠報國芹澤鴨」。見識不廣的會津藩兵以為這是京都一道與鴨子有關的料理，依舊不放行。芹澤闔上鐵扇，眼神中露出殺機，準備強行通過。正當雙方一觸即發之際，會津藩公用人野村左兵衛及時趕到，向會津藩兵介紹道：

「此人乃中將大人屬下精忠浪士組筆頭芹澤先生，奉命前來協防，切莫為難他們。」

既然藩內上級都已開口介入，藩兵只好收起長槍乖乖放行。有會津藩士記載共有五十二名浪士組成員參與八．一八政變，不過據松浦玲教授指出，此時浪士組成員中的佐伯又三郎及佐佐木愛次郎在政變前半個月已死去，實際上參與的應該只有四十餘人。

戍守御花畑的浪士組成員最終並未與堺町御門的長州藩兵發生衝突，他們最後選擇全體撤出京都。政變後松平容保受到天皇召見，親賜御製，會津藩兵以及精忠浪士組成員都得到來自朝廷的賞賜（浪士組成員的賞賜為黃金一兩），天皇還派出武家傳奏野宮定功及飛鳥井雅典前往金戒光明寺，傳達敕令命精忠浪士組改名為「新選組」（或寫為撰，確切日期無法確定，或在八．一八政變後，或在九月廿五日）。

正式改名新選組的同時，也進行改組整個組織，新選組持續浪士組時期的雙頭制，由芹澤和近藤擔任局長，芹澤為局長筆頭；副長有三人，分別為土方歲三、山南敬助、新見錦。從以上的人事調度可看出試衛館派的戰略是把芹澤拱上局長筆頭，滿足其虛榮心。但是對於掌控組織人事權力的副長則堅持不讓，一定要佔住二個名額，而且由試衛館成員中最具行政能力的土方和山南二人擔任，除劍術外其他能力普通的新見錦在副長這一職位上很難與土方、山南二人競爭。

此次人事改組表面看來芹澤派和試衛館派不分勝負，取得皆大歡喜的結果，然而試衛館派的反擊從現在起才要開始，第一個遭到剷除的對象是芹澤的得力助手新見錦。九月十三日（一說十五日），近藤、土方在祇園新地的料亭山緒（京都市東山區末吉町）宴請新見，當新見喝到酒酣耳熱時再細數他「言行粗暴、騷擾民家、強行徵金」等罪狀，以違反新選組隊規（又名《局中法度》）為由要他切腹。二〇〇四年大河劇《新選組！》及二〇一一年NHK的BS時代劇《新選組血風錄》（改編自司馬遼太郎的同名小說）中也都採用新見錦違反隊規切腹的說法，新見錦平時沉默寡言，被近藤、土方指控一時間無法辯駁，當下自行切腹。

近藤和土方沒想到竟能如此輕易地除去新見，少了新見的芹澤猶如斷去一臂，下一個剷除的對象就是芹澤了。新見錦切腹的當晚，近藤、土方、沖田及山南敬助四人針對芹澤一事進行商談。近藤和土方除掉芹澤的意志相當強烈，而沖田向來都是唯兩人意見馬首是瞻，山南敬助起初對暗殺芹澤表現出猶豫的態度，不過在土方氣勢的威嚇下最後妥協。

九月十六日從下午起，芹澤、平山五郎、平間重助三人受近藤及土方邀請，前往曾被芹澤砸毀的島原角屋飲酒作樂。一行人喝到宵五時才由近藤叫來三頂駕籠，將三人抬回下榻的八木家，近藤、土方則回到試衛館居住的前川邸（位於坊城通和綾小路通交界處）為不久即將展開的暗殺行動做準備。

接近夜九時，近藤、土方、沖田、山南以及原田左之助五人離開前川邸，由於前川邸和八木家有便道相通，因此五人不用離開前川邸就能進入八木家。沖田和原田拉開拉門同時朝棉被刺下，原以為一刀結束芹澤的性命，結果被刺死的是平山五郎。芹澤雖然喝得爛醉如泥，但畢竟是神道無念流的高手，在衣衫不整的情況下拔刀應戰。藉著微弱的月光芹澤發現刺客似乎有四、五人，形勢於己不利，因此邊戰邊規劃逃脫之道。黑暗中不知誰一刀刺向芹澤的女人阿梅，阿梅當場死去，受到阿梅死去的打擊，芹澤顯得亂無章法、門戶洞開，被沖田和原田各刺一刀，土方補上最後一刀貫穿芹澤的身體，新選組局長筆頭遭同隊組員亂刀砍死，享年大約三十五歲左右（芹澤生年不詳）。芹澤派的另一名成員平間重助在混戰中不知所蹤，從此在京都消聲匿跡，有人看到他返回故鄉水戶，但真相是否如此不得而知。

市面上亦有不少以芹澤暗殺為主題的大眾小說、時代小說，如大眾小說之祖中里介山的《大菩薩峠》，有興趣的讀者不妨一讀。

似乎是要掩飾芹澤的非正常死亡似的，第二天京都守護職立刻發出芹澤、平山五郎及阿梅三人暴病死亡的調查結果。十八日，新選組另一局長近藤勇為芹澤舉辦一場規模盛大的葬禮，並親自在芹澤的棺木前沉痛的朗讀祭文。陳述芹澤一生精忠報國的事蹟，極盡一切能事在芹澤死後追捧他，反而顯得欲蓋彌彰。

經過九月的兩起事件，新選組中的芹澤派成員剩下野口健司，他知道自己一定會被近藤、土方等人清除掉，野口並不是沒有想過脫離新選組，然而在暗殺芹澤前後，土方制定的新選組隊規中規定不得任意脫離新選組，違反者切腹。這條規定讓野口不敢提出脫隊申請，每天過得戰戰兢兢、委曲求全，然而依舊躲不掉近藤等人的清算。同年十二月廿七日，近藤下令野口健司切腹，理由為違反隊規，但是沒有清楚交代違反第幾條隊規。在近藤等人眼中曾是芹澤派一員的野口非死不可，既是非死不可的人什麼理由都沒差別，或許野口也知道自己是近藤不除不快的對象，追問違反哪條隊規並無太大意義，於是新選組創始派系芹澤派（五人皆出身水戶，也稱為水戶派）在文久三年底遭到全滅。

喜愛新選組的粉絲應該對以下場景非常熟悉：在壬生寺附近的前川邸屯所，「鬼副長」土方歲三面對排成數列的新隊員解說名為《局中法度》的隊規，共有以下五條：

一、不得有悖離武士道的行為。
二、不許脫離新選組。
三、不得任意收受金錢。
四、不可任意捲入訴訟糾紛。
五、不得私鬥。
違反以上任何一條即切腹謝罪。

據松浦玲教授考證，《局中法度》之名最先出自昭和四（一九二九）年子母澤寬撰述的《新選組始末記》，屬「新選組三部曲」的第一部（另外兩部為《新選組遺聞》、《新選組物語》），而子母澤寬也是最早以新選組為撰述主題的作家。松浦教授認為《局中法度》很有可能由子母澤寬命名。不過松浦教授也指出，依照新選組隊員永倉新八的回憶錄《新選組顛末記》記載，新選組的確存在隊規，其內容即《局中法度》前四條（第五條很可能是之後才添加或是子母澤寬自行創作的），只是隊規並無正式名稱。據永倉新八的回憶，新選組隊規很有可能在剛成立時（應該是壬生浪士組到新選組期間）即已制定，不過從芹澤的行為來看，隊規對芹澤本人可能沒有太大的作用。

清除芹澤派之後，近藤接獲密報說新選組裡混入長州藩的間諜，於是近藤命試衛館成員調查全組隊員，試衛館成員歷經數日查訪後，認為國事探偵方荒木田左馬之助、越後三郎、松井龍三郎、御倉伊勢武等四人最有可能是長州藩的間諜，而讓近藤決意除掉四人是御倉及荒木田二人刺殺永倉新八未遂事件。

九月廿五日，御倉、荒木田二人邀約永倉前往祇園社（現今八坂神社）遊玩，兩人在八・

一八政變後才加入新選組，新成員向來都會受到原有成員的戒備，兩人不約而同邀約永倉出遊這一舉動更讓永倉一開始即抱持戒心。永倉一路上發現兩人形跡可疑，不像是出來遊玩，倒像是找機會要除掉自己，永倉藉口遇到熟人強行離去。回到前川邸屯所的永倉立即向近藤報告此事，近藤立即下令除掉四人。

御倉、荒木田以為永倉並未察覺一人意圖，翌日清早優哉游哉地在屯所水池邊拿著剃刀專注地刮鬍鬚，準備再邀約其他試衛館成員出遊。這時齋藤一與林信太郎不動聲色地來到他們後，拔出愛刀迅速砍下，兩人的首級如自由落體般掉入水池裡，鮮血隨即染紅水池。越後三郎及松井龍三郎聽到隊員的騷動後直覺不妙，顧不得收拾行李只帶著愛刀迅速逃出屯所，從此行蹤杳然。

此後到元治元（一八六四）年六月五日池田屋事件之前，新選組大抵上無重大事件發生，這段期間新選組持續注入新血（如武田觀柳齋、山崎烝），成員維持在百人以上，是新選組成立以來（包括浪士組及壬生浪士組時期）最為風平浪靜的日子。

池田屋事件使新選組一戰成名，接下來的禁門之變更讓新選組聲名人噪，憑藉這兩役，新選組得到會津藩及幕府超過千兩黃金的賞賜，京都的商家及民眾也對新選組抱以高度的信任及讚揚，一掃芹澤鴨時期魚肉民眾的惡劣印象。新選組的名聲提高也使得加入者眾，成員也持續攀升，最多曾有二百名左右。因應成員數的增加土方認為必須強化新成員對紀律的重視及不怕死的精神，於是又制定規定隊士日常生活及戰鬥時因應態度的《軍中法度》。《軍中法度》最初於禁門之變前頒布，最初只有五條，到第一次征討長州前夕擴增至十條。其具體內容如下：

一、絕對遵守自己負責的職責，不得有所紊亂，進退須遵照組長的命令。
二、有關敵我強弱的批判一律禁止，且禁止談論妖怪和靈異現象等傳聞。
三、不可迷戀於美食佳餚。
四、不問晝夜，騷動發生時嚴禁恐慌，應靜下心來等候命令。
五、不得因私怨而在陣中喧嘩（爭鬥）。
六、出陣前務必填飽肚子，鎧甲、長槍、太刀等武器務必確認到位。
七、在戰場上看見敵軍的優劣得失，無須顧慮儘管提出，就算見識有誤而造成過失也不予究責。

八、組頭戰死時，屬下組員也要有當場戰死之覺悟，若有畏縮逃離之行為則處以斬罪或依法度施予處分。

九、激烈戰鬥時除組頭以外的屍骸無須收拾，不得逃離戰場。

十、戰鬥勝利後嚴禁掠奪敵軍物資，必須遵從幕府或藩的命令。

前文提過子母澤寬將新選組隊規命名為《局中法度》，其靈感或許來自於《軍中法度》。《軍中法度》因應即將到來的第一次長州征討而制定，有別於新選組擅長的個人格鬥，以小隊為單位，強調小隊間在戰場的紀律與合作。

《軍中法度》的頒布加上成員的暴增，以往的「局長—副長—副長助勤」之編制方式已不符合戰時編制的需求，因此新選組擴編為如下規模：

局長：近藤勇

副長：土方歲三

總長：山南敬助
參謀：伊東甲子太郎

一番組組長：沖田總司
二番組組長：永倉新八
三番組組長：齋藤一
四番組組長：松原忠司
五番組組長：武田觀柳齋
六番組組長：井上源三郎
七番組組長：谷三十郎
八番組組長：藤堂平助
九番組組長：鈴木三樹三郎
十番組組長：原田左之助

上述成員中活到戊辰戰爭結束的只有永倉、齋藤及鈴木三人。

一般戲劇經常會以上述的編組介紹新選組，其實這一夢幻組合是為配合幕府第一次征討長州，被動員的新選組才進行軍事化的組織調整，於元治元年十月左右成形。第一次征討長州後來並未真正交戰，所以土方制定的《軍中法度》及戰時編制並未真正派上用場，然而由於方便局長統制，因此在戰後土方予以保留，成為新選組的常態編制。

大抵而言，新選組的全盛期僅有池田屋事件到禁門之變後的幾個月而已，之後新選組逐漸趨於式微。特別是試衛館成員之一的山南敬助因為長期與近藤、土方等人意見相左，竟至於出走、脫隊，其原因至今仍有部分未能明瞭之處（關於山南切腹始末將於下節敘述）。土方為維護新選組的紀律執意要山南切腹，殊不知卻因此讓新選組陷入脫隊潮，不少隊士因脫隊違反隊規而被下令切腹，加上時局對幕府不利，新選組逐漸走入沒落期。

3 沒落期

元治元年八月底，永倉新八、齋藤一、原田左之助、島田魁、尾關雅次郎、葛山武八郎等六人越過近藤，直接向松平容保上書指控近藤犯下動用私刑、專橫跋扈、排除異己等五條罪狀，要求解除近藤局長的職務，否則永倉等六人將集體脫隊。

近藤接獲容保的通知後異常震怒，近藤所憤怒的並非有六人越級向京都守護職上訴，而是永倉、齋藤、原田三名試衛館成員竟參與推翻自己的行動。要知道試衛館派是新選組創立以來的元老派系之一，近藤、土方、沖田、永倉、山南、藤堂、井上、齋藤、原田九人自文久三年二月八日集結於德川將軍家菩提寺傳通院以來，歷經諸如行刺芹澤鴨、八・一八政變、池田屋事件、禁門之變等多次決鬥，期間幾度出生入死，彼此間仍不離不棄。因此近藤得知永倉、齋藤、原田三人竟然列名越級上訴的名單中，當不難想像近藤聽聞此事時內心萌生的遭背叛之感。

勃然大怒的近藤手持愛刀「虎徹」前去找永倉理論，然而永倉、齋藤、原田等六人並無逃跑意圖，靜坐在屯所前等候近藤。近藤一到立即拔出虎徹作勢砍殺六人，土方出言制止近藤，將他帶到房間力勸近藤不可意氣用事。

在新選組裡，即便新進組員也知道試衛館成員間感情的濃厚，近藤若對永倉三人處以切腹的處分，新選組恐將招致軍心潰散，因此不妨對這三人處以謹慎禁足即可，剩下三人中的島田魁、尾關雅次郎在組裡人緣極佳，也不宜施以重罰。最後必須為此次事件獻出性命的只有據說原為虛無僧[6]的葛山武八郎，九月六日，葛山在土方等人的監管下於八木家壬生屯所切腹。

九月廿六日，新選組美男五人眾（另外四人為山野八十八、佐佐木愛次郎、馬越三郎、馬詰柳太郎）之一的楠小十郎被認定為長州派來的間諜，而被原田左之助砍死。

近藤處置完葛山立即東下江戶，透過試衛館成員藤堂平助的介紹與一位大人物見面，此人即是北辰一刀流伊東道場繼承人伊東大藏。伊東大藏出身常陸國志筑藩（石高一萬石），本名鈴木大藏，號誠齋。鈴木大藏早年學習神道無念流，對水戶學抱持極大興趣，後來改入北辰一刀流伊東道場，盡得道場主伊東誠一郎真傳，娶其女以婿養子身分繼承伊東道場，因此改名伊東大藏。

伊東大藏受水戶學影響，政治立場傾向勤王，使得他聲名大噪，成為新選組亟欲拉攏的對象。讀者可能會認為新選組的立場佐幕，按理而言與伊東大藏應該格格不入才是，近藤怎麼會拉攏傾向勤王的人加入呢？其實新選組本身即有不少勤王立場的成員，如芹澤鴨

6　虛無僧：屬於臨濟宗族（禪宗宗派）分支普化宗，形象為頭戴編笠、身著白衣並吹著尺八。

本身也是傾向勤王。近藤、土方等試衛館成員在奧多摩的天然理心流道場時並無明顯的政治立場，之所以會傾向佐幕是因為兩人渴望被提拔為直參[7]之故。

伊東大藏與試衛館成員中同樣出身北辰一刀流的藤堂平助彼此為舊識，藤堂遂成為拉攏伊東加入新選組最適當的人選。在藤堂的勸說下伊東頗為心動，不久近藤也親自來到江戶延攬，伊東決定接受近藤的盛情邀約前往京都。伊東帶領弟弟鈴木三樹三郎及弟子篠原泰之進、加納道之助（名鷲雄）、服部武雄、內海二郎、佐野七五三之介、中西昇共八人前往江戶，伊東大藏因元治元年的干支為甲子，認為是好吉兆遂改名為伊東甲子太郎。

十月底伊東正式加入新選組，不僅如此伊東還帶來近十名成員，再加上池田屋事件和禁門之變後募名加入的新成員使得新選組成員逼近二百名。如此一來作為屯所的八木家及前川邸顯得狹窄，於是土方在年底宣布將屯所移往西本願寺，由於西本願寺政治立場傾向長州，禁門之變後曾窩藏未能逃出的長州藩兵，將他們偽裝成僧侶，因此屯所遷徙置西本願寺亦有刺探該寺行蹤之寓意。

沒想到山南反對土方的遷移計畫，說道：

「佛寺乃神聖之地，而我們卻過著在刀口上求生的日子，要這樣的我們居住在佛寺裡，有辱佛寺的清靜，而且以轉移的名目刺探寺內動靜未免過於卑劣。」

此時的山南雖不擁有實權，但他位居總長之位，且又是創立元老的試衛館派成員，在新選組內擁有一定的地位，因此山南明確表示反對意見讓現場氣氛凍僵，最後遷移計畫不歡而散。

這並非山南首度與近藤、土方意見相左，前文提過山南在近藤暗殺芹澤時曾表現出猶豫的態度，山南倒不是反對暗殺芹澤，而是除掉芹澤後局長職務勢必由近藤一人獨攬，山南主張的雙局長制度便不可能再持續下去。果然，近藤主導下的新選組立場愈來愈朝佐幕傾斜，與山南抱持的尊攘立場南轅北轍。

從以上敘述來看山南與近藤、土方應該不是因為厭惡彼此，而是理念上的不和造成對立，於是山南於元治二年二月廿一日留下書信給近藤後，擅自脫隊離去。山南在書信上痛斥土方是個弄權的小人，若從這點來看，理念不和的說法似乎又不通。近藤找來沖田，要

7　直參：江戶幕府旗本和御家人的總稱。

他負責帶回山南，必要時可先斬後奏。沖田自文久三年二月跟隨近藤上洛以來參與不少暗殺事件，如殿內義雄、芹澤鴨、寺田屋事件等等，只要近藤一聲令下沖田便義無反顧的執行任務，唯獨此次受命帶回山南，讓沖田為之猶豫。

比山南年輕近十歲的沖田在武藏奧多摩試衛館修習劍術時曾長期受到山南的指點，天才型劍士的沖田，數年後竟然與山南平起平坐、同為天然理心流試衛館的劍術師範。沖田翌日意外地在中山道最後一宿大津宿發現山南的身影，此地距京都只有三里左右（約十二公里），若真要逃離新選組，以當時武士的腳程一天不應該只走三里，顯然山南雖然私下脫隊，卻沒有逃離新選組之意。山南看到沖田追來毫無反擊、逃走之意，而是順從地與沖田返回新選組屯所，當晚近藤公布山南的罪狀為：

「私自脫隊，違反隊規，處以切腹。」

山南鎮定地聽完近藤的宣判，然後說道：

「得蒙切腹，不勝感激……」

當晚山南與近藤、土方除外的試衛館成員以及敬重山南為人的其他組員喝著訣別酒，山南始終保持微笑，而重感情的永倉已泣不成聲。

根據八木為三郎晚年著作《八木為三郎老年壬生話》中的回憶，廿三日晚，永倉找來山南的戀人——島原的遊女明里，讓她與山南獨處走完最後的人生。之後負責介錯的沖田提醒山南切腹的時間已到，山南狠心推開臉上滿是淚痕的明里，神情從容地對沖田說道：

「有勞你了。」

然後從容切腹，沖田迅速砍下山南的首級，享年三十三歲。

山南的脫隊至今仍有未能明朗的部分，山南有一天的時間可以逃離京都為何只逃到大津？大津是中山道和東海道最後一個宿場，同時也是出京都後的第一個宿場，此地距離京都只有約十二公里，是追捕從京都逃出的犯人必經之地，躲在此地可說一點也不安全。山南在京都已近兩年不會不知道這件事，他是否有何非逗留在大津不可的理由呢？如果答案肯定，又會是什麼理由呢？

以山南脫隊為分界線，此後新選組大致上陷入隊士脫隊、派人捉捕緝拿、隊士切腹的惡性循環，再也沒有令人振奮的好消息。隊士人數也從伊東加入時的近二百人一路遞減，到慶應三(一八六七)年初甚至不到一百人,已經排不出伊東加入時的最佳陣勢(此時四番組組長松原忠司、七番組組長谷三十郎已不在人世)。

4 覆滅期

慶應三年三月,伊東甲子太郎的脫隊為已經雪上加霜的新選組給予致命一擊。伊東不只個人脫隊,他的弟弟及門生也跟著一起脫隊,甚至連與伊東同為北辰一刀流的藤堂平助也在伊東的慫恿下脫隊。對新選組而言伊東的脫隊帶走新選組的參謀、八番組和九番組組長,再加上已經戰死的四番組和七番組組長,新選組的損失頗大。

儘管慶應三年的新選組隊士數量已不到元治元年十月全盛期的一半,近藤和土方仍堅決要以隊規處分伊東(亦即脫隊者切腹)。不斷派人跟監,找尋最佳的時機和地點將他們帶回西本願寺屯所(慶應三年六月十五日,新選組屯所再遷往位於今日下京區松明町的不動堂村)處分,若有反抗行為則當場格殺,此即十一月十八日的油小路事件(詳情請見「十一、御陵衛士」)。

近藤派二十餘名到四十名隊士執行暗殺任務,雖成功殺死伊東,然而並未能扭轉新選組隊士脫隊的劣勢，當然也無法挽回幕府瓦解的命運。一個多月後在鳥羽街道、伏見街道發生鳥羽．伏見之戰，新選組與幕府軍及會津、桑名、淀等藩軍、京都見廻組偕同對薩摩、長州、土佐三藩作戰。結果幕軍敗北，六番組組長井上源三郎戰死，之後新選組跟隨幕府軍撤往關東，轉戰各地，新選組隊士多數戰死。

已成為幕臣旗本的近藤（改名大久保大和）和土方（改名內藤隼人）奉幕府之命鎮守甲府，兩人在當地招募隊士，但成效不彰，與原新選組隊士合併，改名甲陽鎮撫隊。慶應四年三月六日遭乾退助率領的官軍痛擊，幾近全滅。四月廿五日，近藤在下總流山（千葉縣流山市）作戰失敗被捕遭斬首，餘眾也陸續戰死在關東諸役或是向官軍投降。

土方先後亡命會津、庄內，最後前往蝦夷地的箱館，他已把箱館視為自己的戰死之地，明治二（一八六九）年五月十一日土方在整個戊辰戰爭的最後一役戰死。

六、新徵組

前篇提到文久三(一八六三)年二月廿三日，清河八郎率領二百三十四名浪士抵達京都，清河當晚在壬生新德寺大殿聚集，說出自己的立場並非佐幕，而是勤王攘夷，並且要將幕府出資成立的浪士組轉變成勤王先鋒。

能言善道的清河，一席話即帶走浪士組中的二百一十名成員。三月十三日，清河與幕臣鵜殿鳩翁、松岡萬率領二百一十名浪士返回江戶。三月廿八日浪士組抵達江戶，這二百一十人再加上浪士組上洛、折返期間江戶另行招募的約一百六十名浪士(總計約三百七十名)合併在一起，維持浪士組之名。

浪士組分別以旗本小笠原加賀守(名不詳)位在本所三笠町(東京都墨田區石原四丁目)及飯田町(東京都千代田區飯田橋一丁目)遠江相良藩主田沼玄蕃頭意尊(側用人田沼意次的曾孫)的屋敷為屯所。屯所分隔兩地之用意為將攘夷志士一分為二，以免他們聚在一起喧嘩衝突。

四月十三日清河八郎遭到暗殺，擁戴清河的浪士也多遭到清算，支持清河的幕臣鵜殿銳翁遭到免職，而山岡鐵舟被處以謹慎，解除謹慎後與幕臣高橋泥舟（名精一，號泥舟，與勝海舟、山岡鐵舟並稱「幕末三舟」）、松岡萬、石坂宗順（維新回天後改名周造）、池田德太郎（維新回天後改名種德）等幕臣被任命為浪士組取締役。浪士組在除掉清河後於四月十五日改名「新徵組」，比新選組還要早出現四個多月。

新徵組的工作為維持江戶市區的治安以及海防警備，最初受若年寄管轄，由沖田總司的姊夫沖田林太郎擔任組長，慢慢地將受清河八郎攘夷思想影響的成員汰除，使之成為與新選組同樣佐幕的組織。元治元（一八六四）年五月起新徵組隸屬於出羽庄內藩，受第十一代藩主酒井左衛門尉忠篤（德川四天王之一酒井忠勝的嫡系）的指揮，人員擴增至近五百人，規模遠超過新選組。

鳥羽．伏見之戰的起因為江戶薩摩藩邸（三田上屋敷，篤子成為御台所之前曾在此居住二年多）遭到燒毀，放火燒毀的正是出羽庄內藩士和新徵組隊士。

事件始於薩摩藩士伊牟田尚平、益滿休之助煽動江戶的倒幕和攘夷浪人（當然也包含當地地痞流氓）在江戶滋事、尋釁，藉此激怒幕府及佐幕派，藉此取得開戰的口實。

十二月廿二日，藏匿於薩摩藩邸的三十餘名各地浪人在相樂總三的指揮下，手持鐵砲襲擊位在本所三笠町的新徵組屯所，然後逃回薩摩藩邸。翌日這些浪士又對外找尋襲擊目標，讓江戶人民人心惶惶。當時老中首座稻葉正邦得到情報確認騷動出自三田上屋敷後，於十二月廿五日下令出羽庄內藩及其支藩出羽松山藩，連同上山藩、岩槻藩、鯖江藩出兵包圍薩摩藩邸，受出羽庄內藩管轄的新徵組也出動隊士前往包圍。

以出羽庄內藩為首的佐幕派要求薩摩藩三田藩邸交出滋事的浪人，卻遭薩摩藩拒絕。正常情況下佐幕派應將薩摩藩三田藩邸圍個水洩不通，等到藩邸糧盡水絕也許態度會有所軟化。不過出羽庄內藩的江戶藩邸留守役松平親懷卻直接下令總攻擊，上述諸藩連同新徵組在內超過千人，而三田藩邸加上滋事的浪人也只有二百餘名，尚未開戰便能知道結果。開戰後三田藩邸很快被攻下，薩摩藩士（連同浪人）共有六十四名戰死，有一百十二名被捕，只有少數人如相樂總三突破重圍逃走，佐幕派僅僅戰死十一名。

但，混戰中三田藩邸卻燃燒起來，足足燃燒三個小時，整座藩邸付之一炬。十二月廿八日藩邸燒毀的消息傳到京都，在京的薩摩藩士雀躍不已，因為已取得開戰的口實。先前的小御所會議已定調德川慶喜為朝敵，只要岩倉那邊能夠連夜趕出象徵官軍的「錦之御旗」，與幕府的戰爭便能定位為官軍（薩、長、土）與賊軍（幕府及佐幕諸藩）之戰。

數日後於慶應四（一八六八）年一月三日爆發鳥羽．伏見之戰，士氣高昂的薩、長、土三藩藩軍以寡擊眾、擊敗京坂一帶的幕軍，關東的幕軍及佐幕派未能來得及趕往前線，戰事已告結束。慶應四年七到九月的秋田戰爭中，新徵組被編入出羽庄內藩兵第四大隊　同作戰，戰敗後與出羽庄內藩向新政府歸順。

新徵組之後被正式納入出羽庄內藩士，但是也被強制留在庄內藩、進行開墾事業。由於新徵組隊士多半出身關東，不太能適應出羽的氣候，因而出現大量逃亡。與新選組對待脫隊隊士一樣的處置，只要被抓到一律下令切腹，明治十四（一八八一）年七月，新徵組隊士僅剩十一名。

儘管名稱相似，新徵組與新選組相比幾乎毫無名氣，而且保留的資料也很有限，因此難以一窺新徵組的全貌，除維持江戶市的治安以及海防警備外幾乎不太清楚其任務（是否有參與暗殺事件亦不清楚），這點令人感到可惜。

七、京都見廻組

京都所司代及其轄下的京都町奉行（奉行所分為東御役所和西御役所）和伏見奉行所，為江戶時代大部分的時間裡負責維持京都治安的機構。進入幕末，在所司代之上增設京都守護職以及隸屬守護職的新選組和京都見廻組，前者已在前文介紹，本篇將針對後者進行敘述。

當清河八郎率領二百三十四名浪士前往京都後，幕府派出旗本出身且擔任講武所（請參照第二部第二章）劍術師範的佐佐木只三郎、速見又四郎、高久保二郎、永井寅之助、廣瀨六兵衛、依田哲二郎，共六位尾隨在後。這六位旗本出身的劍術高手原本是被幕府指派到浪士組擔任小隊長職務，然而佐佐木等人沒想到清河抵達京都那一天旋即又把帶去的浪士幾乎原封不動地帶回，竟然還可以在中山道的馬籠宿（中山道第四十三個宿場，位在岐阜縣中津川市）碰頭。佐佐木從熟識的山岡鐵舟口中得知浪士組抵達京都後立即折回的戲碼是由清河一手主導，佐佐木打算啟動他此次行程被賦予的另一使命：清河若有勤王攘夷之舉，聯合其他五人暗殺清河。

山岡看出佐佐木眼中的殺意，連忙制止道：

「清河是百年難得一見的奇才，或許他的心態有點偏，但這是因為他沒有可以憑藉的奧援，不得不鋌而走險。希望你能高抬貴手，不要立即除去他的性命。」

清河八郎曾在神田於玉池玄武館學習北辰一刀流，劍術之強幕末罕有敵手，據說佐佐木曾與清河以竹刀稽古[8]，結果佐佐木受制於清河的氣勢而慘輸。即便連自己在內共有六位講武所劍術師範，佐佐木也沒有殺死清河的把握。

文久三（一八六三）年四月十三日，清河從寄住的高橋泥舟家裡走出，準備前往麻布（東京都港區）上山藩邸赴該藩藩士金子與三郎的酒宴。不過酒宴只是一個幌子，清河真正的用意是要金子在攘夷名冊蓋上手印，清河手上已有收集五百多人手印的攘夷名冊，一旦時機成熟，只要清河挺身號召，立即會有五百多人響應。

親眼看到金子蓋上手印讓清河鬆了一口氣，不自覺接連喝下好幾杯。步伐蹣跚的他走到麻布赤羽橋（東京都港區東麻布一丁目），在這裡遇上佐佐木，不……應該說是佐佐木刻

8　稽古：各種武藝、武術、藝能、技藝的練習。

意在此地等候，製造與清河不期而遇的巧合。當然佐佐木並非隻身一人，還有速見又四郎、高久保二郎、窪田泉太郎（名鎮章）、中山周助，連同佐佐木共五人。雖然比在中山道馬籠宿少掉一人，不過在佐佐木看來今晚的清河步伐散亂、眼神混濁、門戶洞開，成功的機會大增。

「清河先生！」

清河抬起頭來一看，和他打招呼的是佐佐木。

在清河背後的速見又四郎見狀朝他右後臂砍下一刀。

「可惡！」

清河想拔刀反擊，可是喝醉的手明顯不靈活，怎麼也拔不出刀來。

「看刀！」

佐佐木一刀從清河的頸部砍下，清河身首異處，當場死去，享年三十四歲。

一代豪傑清河八郎因為過於大意而遭暗殺，死於溝壑之中，未能建立功業，留給後人的除嘆息之外，還是嘆息。而佐佐木因成功砍殺清河之功，在一年後京都見廻組成立時被拔擢為組長，俸祿千石。

清河與四年半後被暗殺的坂本龍馬是佐佐木一生最有名的二位戰利品。諷刺的是，被暗殺的兩人名氣都比佐佐木本人大。而巧合的是，被暗殺的兩人都出自北辰一刀流。

據現今資料來看，京都見廻組成立於元治元（一八六四）年四月，不僅比新選組晚八個月，更比新徵組遲上約一年。當時的京都守護職松平容保任命備中淺尾藩主蒔田相模守廣孝、大身旗本松平出雲守康正為京都見廻役，以取締反對幕府勢力、維持京都治安為職責。讀者可能會納悶：這不正是新選組的職責嗎？京都見廻組不會與新選組重疊嗎？

表面上看來似乎如此，實際上兩者之間有所差異。新選組成員主要來自脫藩浪人和庶民，另有少數諸藩藩士，他們主要是因利所趨才加入新選組，也有人是為名而加入，幾乎沒有純粹出於佐幕立場加入。事實上如筆者在第五篇所述，有不少新選組成員如山南敬助、永倉新八、伊東甲子太郎等人是傾向尊王。要統馭這群素質參差不齊的組員不能只是單方面的獎賞或懲處，而是恩威並濟，表現優異的賞賜黃金，另外制定隊規嚴格規範隊士，違

京都所司代、京都見廻組、新選組等組織在京都的巡邏範圍分區

反隊規者處以切腹。

相較之下，京都見廻組的成員為旗本、御家人出身，是家中沒有繼承家業資格的次男及三男，身為旗本、御家人之後，對幕府的忠誠遠非成員三教九流的新選組可比擬，而且京都見廻組裡也不存在佐幕以外的政治色彩。

雖然職責同為取締反對幕府勢力、維持京都治安，然而京都見廻組巡邏範圍為御所、二條城等具政治性質的地點及其周邊；新選組則負責祇園一帶及西本願寺以南，這裡是花街及庶民、町人居住區。兩者的管區分得很清楚，不僅沒有越區緝捕的記載，即便在長州反撲的元治元年下半年，也幾乎沒有京都見廻組和新選組攜手打擊攘夷派的紀錄。

為何會如此呢？

簡單說來是身分的不同，京都見廻組的成員幾乎都是旗本或御家人，屬於四民中的統治階級「士」；而新選組大多數成員為浪人或庶民，屬於被統治階級。因此，京都見廻組普遍以不屑的態度看待新選組，即便新選組日後在池田屋事件及禁門之變立下大功，先後得到幕府及會津藩賞賜的黃金，京都見廻組依舊不減內心的輕蔑。

至於聯合攜手緝捕攘夷派，對充滿階級優越感的京都見廻組更是難以做到之事。二

○○四年大河劇《新選組！》中佐佐木只三郎在劃分彼此的管區時說道：

「新選組說到底是江戶落魄浪人的集合，我見廻組是從幕府開始就一直守護京都的家臣，本來就應由我們負責整個京都，希望你們不要忘記這點。」

佐佐木是否真對近藤講過這番話不得而知，不過這段對話如實反映出佐佐木（也包含京都見廻組隊士在內）看待新選組的心態，類似場景也曾出現在二〇一〇年大河劇《龍馬傳》。

京都見廻役蒔田、松平二人的官職分別為相模守和出雲守，於是見廻組成立時便分為相模組和出雲組。慶應三（一八六七）年五、六月間改由信濃飯田藩主堀石見守親義、旗本小笠原河內守長遠及岩田織部正通德擔任。京都見廻役大抵上由二萬石左右的譜代大名、五千石左右的大番頭[9]次席旗本擔任，下轄見廻組與頭（書院番次席擔任，組長之意）、見廻組勤方（大番次席擔任，與頭助勤）。從以上敘述看來，見廻役親上前線的機會應該不高，很有可能只是掛名而未有實質職務，真正的指揮者應該是相模組和出雲組的與頭。見廻組與新徵組同樣缺乏完整資料記載，目前可確定有佐佐木只三郎為相模組與頭，而龍馬暗殺時佐佐木帶去的六位組員是誰，又是否均為相模組、出雲組與頭，以及勤方以下的編制等細節，目前仍無確切答案。

佐佐木繼承的旗本家格不甚清楚，至少應有役料[10]三百俵左右，若論及實質成績（指暗殺清河八郎），即便成為實質的組長也不令人意外。

全盛期的京都見廻組隊士據說將近四百人，京都見廻組負責的區域比新選組大上許多，有新選組二倍的人數並不至於令人意外，而且見廻組成員對幕府向心力較強，不像慶應年間的新選組經常出現集體脫隊的情形。

慶應三年十二月京都見廻組曾一度改名「新遊擊隊」（將軍家茂曾有由幕臣組成的「遊擊隊」，為做區隔以「新遊擊隊」稱之），隨即改回原名。慶應四年一月三日登場的鳥羽・伏見之戰，京都見廻組及新選組一同接受幕府徵召、前往前線應戰，幕臣出身的京都見廻組布陣在鳥羽街道成為幕軍先鋒，與薩摩藩兵交戰。

裝備遠遠不如薩摩的京都見廻組在小枝橋（京都市南區上鳥羽塔之森東向町）遇上配備

9 大番頭：江戶幕府旗本常備兵力編制之一，分為小姓組、書院番、新番、大番、小十人組等五番方，大番的領袖為大番頭。

10 役料：因勤務而給予的額外俸祿，類似現在的津貼，於春、夏、冬三季支付米糧或是金錢。

四斤山砲（法國於1859年開發的前裝線膛式青銅製山砲，戊辰戰爭到西南戰爭期間作為主力野戰砲）的薩摩兵，只配備太刀的見廻組隊士根本無法發揮擅長的近身戰，成為名符其實的「砲灰」。為期四天的鳥羽・伏見之戰，見廻組隊士以肉身與武器精良的薩摩藩作戰結果是多數當場戰死或身負重傷數日後死去，佐佐木在男山附近的橋本（京都府八幡市橋本中之町）中彈，一月十二日傷重死去。

活到維新回天之後的見廻組隊士（京都見廻役不算在內），似乎只有筆者在第二部第十九章提到的今井信郎和渡邊篤二人。

八、奇兵隊

說到長州最有名的團體，除松下村塾外應數奇兵隊，長州在文久三（一八六三）年五月攘夷期限一到後，曾擊退美、法、荷三國的商船及通信艦而自鳴得意。六月一日及五日，美、法兩國分別率軍艦進行報復，在兩國軍艦面前長州藩正規軍顯得不堪一擊，對於擅自進行攘夷的長州藩而言，這一消息等於宣告攘夷失敗。藩主毛利慶親趕緊在山口政事廳諮詢家臣可否有解決之道，不少家臣推薦以狂名著稱的高杉晉作，自從文久二年十二月十二日高杉焚毀位在品川御殿山的英國公使館後，即被慶親的養子定廣以告假十年的方式趕回長州，在返回長州的途中又於文久三年三月十一日在賀茂神社途中嘲諷將軍（請參見第二部第八、九章）。

高杉似乎也知道闖大禍，從京都返回長州途中剃髮出家，自號東行、春風，準備一回到長州自行謹慎與世隔絕。毛利慶親任命山縣半藏、寺內暢三、渡邊內藏太三人為使者前往高杉謹慎之地，務必將他帶回山口。依《奇兵隊日記》（日本史籍協會編纂）及《防長回天史》記載，高杉對於藩主的質問有如下的回覆：

招募有鴻鵠之志的志士，創設一隊，可命名為奇兵隊。……所謂正兵者乃惣奉行（正規兵）之兵，與此相對則稱奇兵。

毛利慶親發揮他「就這麼去做」的個性，任命高杉為下關總奉行，命他前去下關負責該地防備。

山縣狂介、河上彌市、瀧彌太郎跟隨高杉來到下關，高杉任命山縣為參謀，要他撰文招募壯丁的布告，只要具備膽識、力氣即可錄用，不問出身，只要入隊即可享有武士帶刀的特權，若立下戰功便可與武士平起平坐。

六月七日高杉在下關豪商白石正一郎的宅邸正式召募隊員，有六十餘人前來應徵，之後數日上門志願成為奇兵隊的人愈來愈多，白石宅邸已無法負荷，六月十四日將據點轉移至赤間神宮（山口縣下關市阿彌陀寺町，以壇浦之戰投海的安德天皇為主祭神）。高杉認為命名為「奇兵」乃因對正規兵而言是為異端，亦即在高杉的心目中，奇兵隊是「以奇道致勝的游擊隊軍力，其出發點不在於倒幕，而是要取代已經弱不禁風的藩正規軍，對抗西歐列強襲來的聯合艦隊而組成的軍事力量」。

一直以來大家都認為創設奇兵隊完全是高杉的獨創，不過富成博在其著作《高杉晉作》中指出高杉是受到恩師吉田松陰完成於安政五（一八五八）年九月的著作《西洋步兵論》的啟發，亦即實現松陰提出的「草莽崛起論」，其具體作為如下：

……其實際的施行方法，是從大組士中挑選三十人施以特別訓練，以之作為師長，統率足輕以下至於農兵進行訓練為佳。從百名農兵中挑選一人，防長二國就能得到二千五百人，對他們施以一年嚴格的訓練，每位大組士底下配有若干名足輕、中間[11]、農兵，由大組士以下的壯士充當幹部。此為正兵，其他平士[12]全部施以短兵作戰的訓練，以此為奇兵，符合「以正合，以奇勝」之論而能予以實行。

據相澤邦衛引用可確定出身的五百五十九名奇兵隊員資料中，廣義的武士出身佔二百七十二名，農民二百三十七名，町人二十五名，神官．僧侶二十五名。所以奇兵隊並

11 中間：可配戴脇差，有時會參與作戰，平時負責雜役。
12 平士：普通身分的武士，或是沒有官位的平民。

非完全由武士以外的出身組成，反而武士才是奇兵隊的主力，高杉並沒有完全實現松陰的「草莽崛起論」。

另外，從隊士的出身地來看，已知的二百三十七名隊士，一百六十八名來自瀨戶內海沿岸，中央山岳地帶有廿三名，四十六名來自藩廳萩以及其他日本海沿岸。

高杉的號召力固然是奇兵隊成立的要素之一，然而更重要的因素應該是下關豪商白石正一郎的金錢挹注。要完成一件大事，除熱情、理念之外，金錢從來都不會是被排除在外的誘因。白石正一郎不只資助奇兵隊的成立，他本人與其弟白石廉作亦親自加入奇兵隊。

高杉毫無意外地成為親手創立的奇兵隊首任總督，然而在八・一八政變前夕發生「教法寺事件」，讓高杉引咎辭去奇兵隊總督。

依藩主毛利慶親的命令，高杉成立的奇兵隊負責下關的防備（包括下關海峽沿岸砲台），不過同時間駐屯在下關的尚有長州藩正規軍之一撰鋒隊（又名先鋒隊），兩隊從口角齟齬演變為暴力衝突，此即「教法寺事件」的開端。

文久三年八月十六日，長州藩世子毛利定廣前往下關視察砲台，當時由奇兵隊駐守前田台場，撰鋒隊駐守壇浦台場，兩隊都想在世子面前表現出最佳的一面。奇兵隊最大特點在於打破身分藩籬，特別吸引毛利定廣的眼光，舉凡從奇兵隊短銃隊的訓練到劍術的稽古都在毛利定廣的視察範圍，不知不覺已經日落。毛利定廣決定隔日再繼續視察撰鋒隊駐守的壇浦台場，此舉引來撰鋒隊士的不滿，認為視察順序排在奇兵隊之後是對堂堂正規軍撰鋒隊的輕蔑，因而有數名撰鋒隊士前去前田台場對奇兵隊叫囂。

奇兵隊如前文所述，武士出身佔將近半數，對撰鋒隊士的叫囂不像其他階級出身唯唯諾諾了事，於是名為宮城彥助的隊士便率領數十名奇兵隊士，前往撰鋒隊屯所踢館。當時撰鋒隊只有數人在屯所，眾人紛紛出走，唯有臥病在床的隊士藏田幾之進躲避不及遭奇兵隊士砍傷，十七日傷重死去。撰鋒隊不甘示弱，抓走奇兵隊士同時也是下關商人的奈良屋源兵衛為人質，藏田遭砍傷的消息一傳開，撰鋒隊士立即殺害奈良屋。

奇兵隊與撰鋒隊的紛爭傳到山口政事廳，毛利慶親下令騷動的源頭宮城彥助切腹。八月廿七日宮城在下關教法寺（山口縣下關市赤間町）切腹，享年五十一歲。九月十五日，高杉因奇兵隊士向撰鋒隊挑釁受到追究，被免去奇兵隊總督的職務，由河上彌市、瀧彌太郎繼任，奇兵隊的據點也被遷移至小郡（山口市小郡町）以便於控制。

依《奇兵隊日記》記載，奇兵隊平時日課內容如下：

午前五時到七時：文學稽古。

午前六時到九時：劍術稽古。

午前八時到正午：槍術、銃陣、野戰砲術稽古。

午後二時到五時：大砲稽古。

午後六時到八時：文學稽古。

每月一、四、六、九日午前八時到正午：馬術稽古。

河上繼任奇兵隊總督，奉「七卿落」避難長州的公卿澤宣嘉為領袖，率領三十餘名奇兵隊士參與但馬生野之變，最終戰死該地。瀧彌太郎在元治元（一八六四）年十月被恭順派罷免，進而逮捕下獄，改由赤根武人繼任總督、山縣狂介擔任軍監。山縣雖曾被松下村塾出身的吉田稔麿比喻成木棍，暗喻平凡無奇、毫無長處，不過嚴格說來山縣並非沒有長處，而是吉田稔麿根本不了解山縣，無法看出山縣的專長。

像高杉這種具創造力的天才經常欠缺持續力，欠缺將發明的制度貫徹到底的決心，在創造的階段達到滿足後，天才多半選擇退出。然而，天才發明的制度能被後世稱頌往往不是天才的功勞，而是具實務能力的人將其改良到最合適的地步。具備實務能力的人，資質雖往往不如天才、沒有發明創造的才能，但其可取之處在於高度的實務能力，能夠改良天才的發明，山縣正是這樣的人。

奇兵隊自高杉成立以來到河上彌市、瀧彌太郎兩人繼任總督都未有實戰經驗，元治元年十二月十五日高杉晉作的功山寺舉兵才是奇兵隊實戰的初體驗。高杉此時的身分為舉兵的領導人，率領舉兵主力奇兵隊的則是山縣，高杉催生奇兵隊，而讓奇兵隊與長州畫上等號的則是山縣，這是非天才的山縣辦到天才做不到的事。

維新回天後山縣能夠進軍陸軍，明治中期以後甚至有「陸軍的大御所」稱號，一大部分的原因在於幕末時期身居奇兵隊軍監的緣故，另一小部分的原因是當時的兵部大輔大村益次郎遭到暗殺（明治二（一八六九）年十一月五日）。當時大村已著手推動全民皆兵和廢藩置縣的構想（版籍奉還已在當年六月十七日完成），然而構想才剛開始大村即在京都三條木屋町（京都市中京區木屋町御池）的旅館遭人暗殺，新政府中能夠繼承大村遺志的大概也只有山縣，大村成為山縣第一個模仿對象。

於是山縣代替大村與西鄉家的從道一起到歐洲考察徵兵制，實際上考察工作是由山縣負責。明治六年山縣毅然推動徵兵制，儘管過程並不平順，內容也經過多次反覆修改，但最終徵兵制在日本確立，打仗不再只是武士的特權。如果大村沒有遭到暗殺，他是否有像山縣那樣儘管遇到士族（明治五年推動「四民平等」後藩士的通稱）的反對也要推動的決心呢？

山縣第二個模仿的對象是大久保利通，大久保身為岩倉使節團的一員，傾倒於建立德意志帝國的鐵血宰相俾斯麥。明治六年政變後十一月十日，大久保成立日本史上空前絕後的巨大權力機構——內務省，並自任首任內務卿。下轄勸業、警保、戶籍、驛遞、土木、地理六寮，職權相當於現在日本內閣的厚生勞働省、農林水產省、總務省、國土交通省、警察廳等機構。

大久保成立內務省並非以獨裁專權為目的，而是想藉由權力的集中樹立官的權威，藉以完成絕對主義，然而權力過度集中在大久保及內務省上終招致民權人士「有司專制」（見土佐人士古澤滋撰文的《民選議院設立建白書》）的抨擊。

山縣在明治十六（一八八三）年十二月起擔任內務卿，在他身上看不到大久保建設日本的使命感，然而，對於鞏固皇室及對權力的追求卻一點也不落人後。日本的警察制度始於大久保擔任內務卿期間，原本是出於維持治安、保護民眾，但在山縣擔任內務卿期間警察搖身變為國家威權的執行機關。

山縣與西鄉從道前往歐洲考察徵兵制期間，目睹普法戰爭後法國成立主張民權的第三共和，走在法國街道上，山縣對於觸目可及的民權標語視若無睹，天賦人權、主權在民也絲毫無法引起他的共鳴。

「法國的民權主義，對好不容易才展開新生的日本有害無益。」

這是他在法國期間對於民主的觀感。山縣認為，與其主張民權，倒不如主張國權，他與大久保一樣，終生都以奉行國權主義的德意志帝國為榜樣，並且以國權抑制正在日本抬頭的民權。十九世紀的西歐國家是以軍隊作為對外擴張、增加殖民地的武器，在山縣看來軍隊並非用來出征，而是用來鎮壓打著民權為口號的叛亂。

山縣終生厭惡民權、政黨、政黨政治以及政黨內閣，可說都是在這次赴歐考察時成為難以動搖的信念。二十多年後日本成立第一個政黨內閣（前文提過的隈板內閣），忿忿不已的山縣在寫給友人的信件中有如下的抱怨：

現今，本朝政海有一大變動。明治政府終於城陷了，變化成政黨，內閣的真相屢經報導，想必已經知道，故不贅述。敗軍之老將再無談兵之必要，捨隱退之外別無他法。

對於藩閥政府輸給政黨內閣一事，山縣以敗軍之將自喻，信末提到隱退似乎是他當下的心境。然而隱退只是說說而已，因為四個月後隈板內閣垮台後出來接替組閣的正是這位「敗軍之老將」（第二次山縣有朋內閣），山縣再次組閣後祭出「軍部大臣現役武官制」以杜絕政黨內閣的再次出現。

筆者繼續聚焦在奇兵隊上。從元治元年十二月功山寺舉兵起，與長州相關的戰役奇兵隊無役不與，包括四境戰爭以及戊辰戰爭中有長州參與的大小戰役，身為軍監的山縣也跟著奇兵隊四處征戰，戊辰戰爭終於在明治二年五月廿日隨著箱館戰爭的結束畫上句點。

戊辰戰爭雖在土佐、佐賀及其他藩的助力之下完成倒幕，薩、長二藩仍被視為倒幕首功得到朝廷各十萬石的賞賜。六月四日毛利敬親隱居，養子廣封家督相續，改名元德。照理而言十萬石的賞賜應該用在戰死者、受傷者的撫卹金以及作為參戰者的賞賜及俸祿上。然而除戰死者由其家屬領到三兩金奠儀費外，傷者的撫恤金及參戰者的賞賜和俸祿均無著落，更傳出長州有意收編奇兵隊及其他長州諸隊為四常備大隊，然後獻給位在東京的明治政府作為御親兵。

長州打的算盤是把當時人數超過五千人的奇兵隊及長州諸隊汰除老弱傷殘後，收編為四隊常備大隊（約二千二百餘名）再以御親兵之名獻給明治政府，被淘汰的約三千人直接令其解甲歸田，只給予最低程度的遣散費後便棄置不顧，在戊辰戰爭期間的俸祿以及戰後的賞賜及撫恤金全部追討無門。

長州藩的無情激起被淘汰的隊士的憤怒，明治三年一月廿四日，約二千名被淘汰的隊士譁變，包圍位在山口的政事廳，廿六日攻擊山口城，一連串的行動稱為「脫隊騷動」。當時人在東京（慶應四年七月十七日從江戶改稱）的木戶孝允、山縣有朋立刻返回長州，二月十一日率領長府、德山、清末、岩國四支藩藩兵一日內敉平叛亂。

此次叛亂叛軍共計六十餘名遭到殺害，死去的隊士其屍骸直接挖坑投入，再於其上覆蓋泥土。投降的叛軍之後共計三百餘名受到處分，分別處以斬首、切腹、流放、監禁、謹慎等刑罰。自文久三年以來的奇兵隊及長州諸隊歷經脫隊騷動走入歷史，藉由奇兵隊及長州諸隊發跡的山縣、伊藤、井上等人繼續在政壇活躍，若高杉還在世，奇兵隊應不至於有兔死狗烹的結局。

九、長州諸隊

文久三（一八六三）年六月成立的奇兵隊為長州藩帶來生氣，奇兵隊成立後到隔年結束為止，長州陸續成立類似奇兵隊、標榜不問階級的民兵隊，由於大多數民兵隊缺乏相關資料，而且存在的時間幾乎重疊，彼此之間也常互相支援，除成員的社會出身有異外，性質近乎雷同，因此奇兵隊以外的民兵隊習慣上統稱為長州諸隊。

最早成立的長州諸隊應為文久二年十月由來島又兵衛成立的遊擊隊，是唯一參與禁門之變的長州諸隊。繼遊擊隊之後目前叫得出隊名的長州諸隊大致如下（括號內為成立時間及隊員數）：

屠勇隊（文久三年四月，約一百五十人）
光明寺黨（文久三年五月，約六十人）
社僧兵（文久三年五、六月間，約一百六十人）
自力隊（文久三年夏，約二百人）

膺懲隊（文久三年七月，約一百廿五人）
義勇隊（文久三年九月，約五十人）
集義隊（文久三年十月，約五十人）
衝擊隊（文久三年秋，約一百五十人到二百人）
小野隊（文久三年秋，約一百五十人）
八幡隊（文久三年十二月，約一百五十人）
エレキ隊（文久三年，約八十人）
金剛隊（文久三年，約八十人）
市勇隊（文久三年，約一百二十人）
狙擊隊（文久三年，約一百人）
佐分利隊（文久三年，約二百五十人）
真武隊（元治元年五月，約五十人）
義昌隊（元治元年五、六月間，約五十人）
酬恩隊（元治元年六月，約五十餘人）

育英隊（元治元年六月，約七十五人）
忠勇隊（元治元年六月十六日，約七十人）
南園隊（元治元年七月左右，約一百五十人）
正名團（元治元年秋，約一百八十人）
力士隊（元治元年十二月，約八十人）
干城隊（元治二年一月，約一百八十五人）
御楯隊（元治元年八月，約一百五十人）
鴻城隊（元治二年一月，約一百人）
南奇兵隊（元治二年一月，又稱為第二奇兵隊，約一百人）
パトロン隊（慶應二年一月，約八百人）
良城隊（慶應二年春，約一百三十人）

這些長州諸隊名氣不如奇兵隊，但是卻更為貫徹不問階級的精神，在前一篇筆者曾提到奇兵隊儘管以不問出身為號召，但仍有近半數成員為武士出身，其他階級約佔半數。相較之下，不少長州諸隊全員都是由同一階級所組成，如良城隊、佐分利隊皆由民兵組成；エレキ隊則是小郡地方的豪農號召佃農組成的民間防衛隊；義勇隊隊士幾乎全是農民；金剛隊由阿武郡(萩市及山口市一部分)小畑村的僧侶組成；狙擊隊為長州藩領內的獵人組成；而社僧兵的成員誠如其名，是由神主和僧侶組成。

此外最為特殊的應數屠勇隊和パトロン隊，前者的成員為山口近郊的被差別部落民[13]，後者為信仰一向宗的女信徒。

雖然長州諸隊的名氣遠不如奇兵隊，然而保衛長州藩的決心並無二致，也不乏因管理長州諸隊而躍登明治政壇的領袖級人物，如伊藤博文在幕末擔任力士隊總督，而井上馨則擔任鴻城隊總督。當然伊藤能夠在明治政壇呼風喚雨的最主要原因是出身松下村塾，進入明治時代後因能力卓越、善於溝通協調而為大久保利通賞識，進而成為其左臂右膀。至於井上則是與伊藤焦不離孟、沾了伊藤的光，雖是如此，兩人的這段經歷在歷史小說作家筆下成為生動有趣的素材。

十、海援隊・陸援隊

神戶海軍操練所因有成員參與池田屋事件及禁門之變，而遭到勝海舟的政敵非難，勝本人於元治元（一八六四）年十一月被免去軍艦奉行一職、蟄居在家，神戶海軍操練所亦於元治二年三月閉校。將近二百名塾生盤桓數日後，多數回到自己的母藩，另有二十餘名脫藩浪人無藩可回，選擇跟隨海軍操練所塾頭坂本龍馬，如何安置他們與自己成為龍馬的最大使命。

勝在元治元年十一月離開神戶之前曾會晤西鄉，請他務必收容龍馬及二十餘名脫藩浪士，西鄉憑著同年八、九月與龍馬及勝會晤的極佳印象而一肩攬下，將他們安置在大坂薩摩藩邸裡（請參閱第二部第十四章），不管在當時或現在都屬難能可貴。只是待在大坂薩摩藩邸讓西鄉等人供養並非龍馬之願，龍馬希望能讓海軍操練所塾生有個發揮所學的空間，數月後慶應元（一八六五）年四月廿五日，龍馬及前海軍操練所成員跟著西鄉等薩摩藩士，

13 部落民：賤民，可細分為從事污穢工作的「穢多」及出身低賤的「非人」。

搭乘蒸汽船蝴蝶丸前往薩摩藩。

一到薩摩，龍馬向小松和西鄉提出自己構思已久的方案，希望薩摩藩出資購買船艦讓龍馬以民間身分經營——以現代而言，即由薩摩出資成立公司讓龍馬經營。龍馬的提案得到小松和西鄉的同意，龍馬認為二百多年鎖國體制下唯一與清國、荷蘭往來的窗口長崎，是最適合成立公司的地點。

在薩摩滯留些許時間後龍馬帶著二十餘名脫藩浪士以及小松給的資金北上長崎，選定名叫龜山的高地成立龜山社中（長崎市伊良林二丁目）。「社中」二字有結社、團體的同伴之意，「龜山社中」意為在龜山一地成立的結社同伴，並不完全等同於日文的「會社」。龍馬積極拜訪長崎的商人，包括外國人和當地人，從中尋覓未來的合作對象，英國商人哥拉巴、長崎當地豪商小曾根乾堂與大浦慶都折服於龍馬的性格，與之成為長期穩定的合作夥伴。

龜山社中為之後薩長同盟的締結立下功勞，長州在禁門之變後成為朝敵，陷入有錢也買不到武器的困境，鑒於幕府有再次征討長州的動向，長州很需要一西南大藩能協助購買武器、轉手給長州。龍馬一方面分析政治局勢，勸西鄉承攬這一工作為薩長的同盟鋪路，另一方面以龜山社中的名義將長州需要的武器從長崎運往下關，再將薩摩藩需要的白米從下關運往鹿兒島，雙管齊下將原本看似不相干的工作結合在一起。

不過，在龍馬完成薩長同盟締結的風光背後，卻也有龜山社中隊員近藤長次郎切腹的悲劇。長次郎幼年即展現出對學問的喜愛和天分，就學於河田小龍門下，在那裡遇到剛結束在江戶北辰一刀流桶町道場的劍術修練、返回土佐的龍馬。當時龍馬在長次郎眼中只是個劍術高超的劍豪，不值得深交，因此兩人並未結下深刻的友誼。

長次郎之後以上士由比猪內侍從的身分前往江戶，跟隨安稽艮齋學習漢學、高島秋帆學習砲術。長次郎的才能受到山內容堂的承認，准許町人身分的長次郎使用帶刀的名字，賜予終生二分扶持[14]的俸祿與年金十兩作為求學的開支，對重視家世的容堂而言，給予長次郎的待遇應該是生涯中罕見的特例。

龍馬與千葉道場少主千葉重太郎欲行刺勝海舟時，長次郎正在勝的門下學習，龍馬日後能進入勝的門下應多少與長次郎有關。文久三(一八六三)年長次郎加入神戶海軍操練所，

14　扶持：江戶時代幕府或諸藩給予武士及包含農民、商人在內的特殊技能者獎勵的方法，一個月給予米一斗五升，一年為一石八斗或是五俵。

日後操練所解散，長次郎先是跟隨龍馬一行人被西鄉安置在大坂薩摩藩邸，之後跟隨西鄉前往薩摩。慶應元年五月，在薩摩藩的資助下，龍馬選定長崎龜山成立龜山社中，長次郎是當時社中學識最為豐富的成員，加上幼年有叫賣日式饅頭的經驗，長次郎遂成為社中向長州承攬業務的要角，於是他自稱上杉宋次郎、以這一較具武士氣息的名字取信長州人。

不久，透過龍馬的關係長次郎帶著長州藩士井上聞多、伊藤俊輔來到長崎，希望長次郎能幫忙他們購買武器。長次郎將二人帶往哥拉巴的商館，為他們介紹米尼葉槍與坎貝爾槍的差異，並且要哥拉巴設法為長州帶來一艘蒸氣軍艦（即四境戰爭時的聯合號）。由於長次郎的努力，儘管還要等待幾個月的時間從上海運來武器，但長州購買武器大致上說來是成功的，伊藤俊輔多次寫給木戶貫治的信件上都提到：

「龜山社中的上杉宋次郎為這次的事費盡心力。」

慶應元年十一月左右，長次郎搭乘聯合號連同四千三百挺米尼葉槍以及三千挺坎貝爾槍運往下關，這些武器強化長州與幕府作戰的信心，從毛利敬親父子親自在山口召見長次郎表達感激之情，不難想像長次郎對長州的貢獻有多大。

不過，幫長州購買武器從頭到尾都由長次郎一人獨攬，被長州藩主召見的也只有長次郎一人，因而引起龜山社中其他成員的不滿，陸奧陽之助和高松太郎經常寫信給龍馬抱怨長次郎獨斷的作風，批評他「難相處」、「不是可以和他人共事的人」。

龍馬當時正為薩長同盟一事忙得不可開交，他雖認同陸奧等人對長次郎的批評，但也同情長次郎的處境。

「長次郎的確缺乏與他人共事的協調性，也欠缺團體生活中必須服從紀律的認知。不過長次郎是個難得一見的人才，出身貧賤、沒有背景支持的他為了出人頭地，恐怕也只有採取漠視同伴的感受、任何方面都想表現的悲哀做法。」

一想到此，龍馬不忍苛責長次郎，趕在慶應二年前回到長崎龜山社中，協調長次郎與其他成員的關係，然後前往下關，等到一月十日搭上開往大坂的薩摩藩船。正當龍馬航行瀨戶內海期間的一月十四日，長次郎被其他社中成員押解到小曾根乾堂家裡切腹。

這是怎麼一回事呢？長次郎幫長州購買一艘軍艦及七千三百挺新式槍枝讓長州武力大增，接下來只要能完成薩長同盟，即便幕府再次征討長州也不足為懼。長州舉藩上下無不對長次郎表示感激，藩主毛利敬親父子親自召見長次郎，贈予三所物[15]。井上聞多、伊藤俊輔認為三所物還不足以表達長州對長次郎的感謝，私下徵詢長次郎有什麼個人心願。長次郎不假思索地說道：

「可否讓我前去英國留學？」

長次郎與二人閒聊中得知他們曾於文久三年十一月前往英國進行半年留學，學問勝過井上、伊藤二人的長次郎羨煞不已。

「我若能前往英國，一定可以學到比他們更多的學問。」

長次郎的心願由井上轉達毛利敬親，毛利對恩人提出的請求二話不說地答應，並且主動支付長次郎留學的費用，井上也私下向哥拉巴訂好船期。對長次郎而言，此次前往英國留學不僅是偷渡出國(因為是私自出國)，也是脫離龜山社中這一浪士團體。此行將會有數年的時間不再回到日本，長次郎想在出發前拍張照片留念，於是前往長崎最有名的攝影師上野彥馬的照相館拍照。照片要十多天後才能拿到，船期卻是在三、四天後，為此長次郎向上野彥馬要求希望能連夜加工。上野雖然答應長次郎，卻輕易地將長次郎的秘密洩漏出去，使社中成員白峰駿馬知道長次郎的意圖。如果長次郎不回龜山社中、直接搭上哥拉巴安排好的船隻便立即能遠離是非之地，偏偏慶應二年一月十日以後長崎風大浪高，所有船隻都取消出海的計畫。

「看來天意不讓我前往英國。」

無處可去的長次郎只好回到小曾根乾堂的住所，那裡是社中成員的宿舍。一進門澤村惣之丞便以責難的口吻說社中內有人違反規定，堅持要違反規定者切腹。澤村說完，白峰、千屋寅之助、池內藏太等向來與長次郎不合的人出言附和。

「也罷！如果龍馬在，我就可以不用切腹。」

長次郎拿起刀在肚子切下十字的形狀，會切成十字狀應該是要表達他內心的不滿吧！也隱含以武士身分死去的驕傲。然而人緣不佳的他卻沒有成員幫他介錯，長次郎直到血液流乾才死去，承受的痛苦恐怕不輸以三文字切腹的武市半平太。這一天是慶應二年一月

15　三所物：目貫、小柄、笄三個位於刀劍上的裝飾物總稱，以室町時代的裝劍金工家後藤祐乘的作品最為有名。

十四日，得年廿九歲。

龍馬在「懷爾韋夫號」事件（第二部第十五章）後才首次聽到長次郎事件的始末，不禁嘆息道：

「要是我在，長次郎不用死就能解決此事。」

明治三十一年，長次郎被追贈為正五位，似乎與井上、伊藤有關。

後藤象二郎成為土佐藩參政後有意將當時土佐藩名氣最大的龍馬收編為己用，在慶應三年一月十三日的清風亭會談後，象二郎赦免龍馬再次脫藩之罪，並提出收編龍馬及龜山社中的想法。龍馬對於脫藩罪被赦免並未表現出感激之意，儘管他不願受到藩的束縛，但有感於象二郎的善意與氣度，龍馬願意讓龜山社中與土佐藩維持一定程度的資助。

於是龍馬在慶應三年四月上旬決定將龜山社中改名海援隊，龍馬擔任隊長，海援隊頗有今日株式會社（股份有限公司）的雛型，但除營利的商社活動外，亦有政治、出版、教育等功能。龍馬有感於龜山社中時期沒有制定明確的規約導致長次郎枉死，於是制訂如下五條隊規：

一、所有脫離本藩及脫離他藩者，只要有志於海外者皆可加入此隊，以運輸、射利、開拓、投機及支援本藩為主要目的。

一、所有隊中之事皆委任由隊長處置，不得有違。若有暴亂之事，而致妄謬加害，隊長有權決定生殺予奪。

一、隊士間應患難相救、困厄相護、義氣相責、條理相糺（釐清），嚴禁獨斷果激、同儕相妨、趁勢而入之行為。

一、隊中課業分為法政、火技、航海、瀛機（機械）、語學，隊士間宜互相勉勵，不可鬆懈。

一、隊上所需錢糧必須自行賺取或互相分配，切勿私佔。若有欠缺時依隊長之請求由出碕官挹注。

第五點的內容值得一提，海援隊所需的開銷必須自給自足，龍馬訂出此條旨在不讓土佐藩以資助名義把持海援隊。但是龍馬話也沒說死，倘若真的無法自給自足，則由隊長向出碕官請求挹注資金。出碕官是土佐藩派駐在長崎的官員，也就是岩崎彌太郎，亦即若海援隊出現缺乏資金的情形，由龍馬以隊長身分向彌太郎請求融資，不用驚動到象二郎或土佐藩，當然這必須建立在隊長是龍馬的前提下才能做到。

海援隊隊士大約六十餘名左右，主要隊員如下：

澤村惣之丞、長岡謙吉、千屋寅之助、中島作太郎、石田英吉、高松太郎、新宮馬之助、野村辰太

海援隊成員合影，照片中左三為龍馬——引自《雋傑坂本竜馬》，日本國立國會圖書館所藏

郎（維新回天後改名維章）、安岡金馬、吉井源馬（以上出身土佐藩）、腰越次郎、渡邊剛八、關義臣、佐佐木榮、山本洪堂（以上越前藩）、白峰駿馬、橋本久太夫（以上越後出身）、陸奥陽之助（紀伊藩出身）、佐柳高次（讚岐出身）、小曾根英四郎（長崎出身）。

如筆者在第二部第十七章所述，象二郎安插精於算術、貿易的親信岩崎彌太郎擔任長崎留守居役，不過彌太郎在海援隊士間的風評非常差，可能與他是「象二郎派來的」有關。曾經借住在海援隊宿舍學習法文、明治時代有「東洋的盧梭」之稱的民權人士中江篤介有一次想到江戶遊學，便找上龍馬開口借旅費，龍馬請他找彌太郎要。彌太郎卻鄙視地看著篤介說道：

「你這麼一個寒酸的書生也值得我借你二十五兩嗎？」

當時年僅廿一歲的中江篤介聽到彌太郎出言不遜，火大回嘴道：

「你這個地下浪人有什麼資格說我？我不值二十五兩嗎？這輩子我再也不要見你的面。」

最後篤介去找象二郎借錢，象二郎聽了笑笑，隨即取出二十五兩給篤介。進入明治時代，篤介以兆民為號，因為翻譯盧梭的著作《民約論》而讓他有「東洋的盧梭」之稱。被問到對龍馬的印象時兆民有如下的回憶：

「當時他（龍馬）雖然十分貧窮卻很超然，自己一生遇過的人就數他給我的印象最為深刻。」

晚年兆民罹患喉癌，診斷後被宣告只剩一年半左右的性命，這段時間兆民寫下一生最後二部著作：《一年有半》及《續一年有半》。在《一年有半》一書中，兆民列出三十一位當代他最欣賞的日本人，土佐出身的只有二位——龍馬和彌太郎。

慶應三年六月十二日，龍馬搭乘寫下《船中八策》的夕顏丸抵達兵庫港，立即改採陸路前往大坂。當時進行中的薩土盟約完成之後，中岡慎太郎於六月廿七日成立與海援隊同為浪士集團的陸援隊，中岡為該隊隊長，由筆者在第二部提及數次的田中顯助擔任副隊長。隊士有水戶藩脫藩浪士香川廣安（維新回天後改名敬三）、齋原治一郎（維新回天後改名大江卓）、岩村精一郎（維新回天後改名高俊）等七十名左右，此外還有約五十名十津川鄉士，屯所位在京都白川土佐藩邸。

龍馬暗殺後，陸奥陽之助熱衷為龍馬復仇，經過一番明查暗訪後認定是紀州藩士三浦休太郎為報復伊呂波丸事件之辱，唆使新選組隊士原田左之助等人在十一月十五日衝進近江屋暗殺龍馬。而且陸奥還打探到三浦將於十二月七日於油小路通和花屋町通交界附近的天滿屋宴請新選組成員齋藤一、大石鍬次郎、蟻道勘吾、中條常八郎、梅戶勝之進、前野五郎、市村大三郎、中村小次郎、宮川信吉、船津釜太郎等十人。

於是劍術普通的陸奥自任龍馬復仇的總指揮，率領澤村惣之丞(海援隊士)、岩村精一郎、山脇太郎、山崎喜都馬、本川安太郎、松島和助、藤澤潤之助、竹野虎太、齋原治一郎、豐永貫一郎(以上陸援隊士)、宮地彥三郎、竹中與三郎、加納宗七及十津川鄉士中井庄五郎、前岡力雄共十六人。然而，陸援隊副隊長田中顯助並不在其中，鼓吹陸援隊士參與復仇計畫的香川敬三也臨陣畏縮，對於復仇計畫的士氣多少有點影響。

當下陸奥分配任務，由劍術最強的中井、宮地二人先衝進天滿屋二樓最裡間，鎖定三浦休太郎後一刀砍下，然後迅速退出天滿屋，紀州藩士和新選組隊士若有追出者便由其他十四人負責。

陸奧一行在天滿樓外等到宵五時半，中井、宮地二人衝進天滿屋二樓，拉開拉門進入最裡間，中井看準一位坐在床几台（類似板凳）、身旁有數人簇擁的武士，直覺認定他就是三浦。對他問道：

「閣下可是三浦？」

三浦有所遲疑，在中井看來認為三浦是心虛，更加確定自己的猜測。使出居合術朝三浦砍下，中井一擊必殺的居合術卻只在三浦臉上留下一道傷口。坐在三浦身旁的齋藤一見狀拔刀使出架裟斬[16]朝中井砍下，中井當場斃命。

中井身後的宮地彥三郎拔刀朝齋藤的右臂砍下，不過齋藤右臂並未被砍斷，原來宮地砍中齋藤的護臂。雖然齋藤因配戴護臂而保住右臂，但宮地這一刀仍讓齋藤痛到當晚無法握刀，無形中除去一大威脅。宮地因過度用力而致重心不穩跪倒在地，齋藤後面有一人襲擊而來。宮地快了一步，取刀砍向那人的下顎，然後飛快起身刺進那人的胸膛。等那人倒地死去，宮地才認出原來被他殺死的是宮川信吉，為來自武藏國多摩地方天然理心流的好手，事實上還是近藤勇的親戚。宮地短暫休息後迎戰新選組隊士梅戶勝之進，在他左腿上畫下一道深長的傷口，接著再刺傷三浦休太郎的家臣平野藤左衛門。

以上這兩人確定在天滿屋事件中喪生，無法確定是否還有其他死者，在野史裡這場決鬥的死者及傷者被渲染成三死十傷。

新選組接連被宮地彥三郎砍傷數名好手顯得士氣低落，不知是誰捻熄了天滿屋所有的燭火，在黑暗中有人出聲：

「三浦被殺了！」

陸奥等人皆信以為真，原本他們今晚的目標只有三浦一人，既然目的已經達成，也擔心位在附近的新選組不動堂村屯所會加派人手增援。於是陸奧一聲令下：

「撤！」

結果臉部受傷的三浦休太郎死裡逃生，維新回天後改名三浦安。曾任大藏省、左院、內務省等官僚，之後歷任元老院議官、貴族院議員、宮中顧問官等職，並曾任東京府知事，

16 架裟斬：從右胸朝左下或從左胸朝右下砍去，是一擊必殺的絕招。

明治四十三（一九一〇）年以八十二歲高齡病逝。

慶應四年一月鳥羽・伏見之戰結束後，將軍德川慶喜雖臨陣脫逃回關東，不過在畿內一帶仍有為數可觀的幕軍，陸援隊副隊長田中顯助奉大久保利通之命率領陸援隊及十津川鄉士登上高野山牽制紀州藩。期間只有一次與潰敗欲進入紀州的幕軍發生衝突，由於僅是零星衝突，算不上立下大功。隨著紀州藩向新政府降伏，顯助在高野山的任務也因而結束，一月十五日陸援隊被編入御親兵（此時的御親兵護衛京都，與明治四年西鄉隆盛成立護衛東京的御親兵不同）解散。

龍馬遭到暗殺後，海援隊隊長一職空缺，到慶應四年一月下旬由龍馬的文膽長岡謙吉擔任第二任海援隊隊長，閏四月廿七日奉藩命解散。

進入明治時代海援隊士中最有成就者，當數中島作太郎與陸奧陽之助，陸援隊士則數田中顯助。筆者在第二部中已對陸奧宗光（陽之助在明治時代的名字）做過介紹，在此不再贅述，只對明治時代的中島和田中二人進行介紹。

中島作太郎小龍馬十一歲，出身土佐鄉士，十六歲加入土佐勤王黨，隨著山內容堂整肅藩內攘夷派，於元治元年脫藩前往長州加入遊擊隊。之後在下關加入龍馬的龜山社中及海援隊，學習能力強且聰明的作太郎甚得龍馬喜愛，龍馬死後轉往陸援隊。

進入明治時代作太郎改名中島信行，土佐藩出身讓他取得邁向政壇的門票，歷任外國官權判事及兵庫縣判事，之後繼陸奧宗光被任命為神奈川縣知事以及元老院議官。明治十四（一八八一）年板垣退助成立自由黨前夕力邀他加入，由他擔任副總理一職，在自由黨僅次於板垣一人，地位還在後藤象二郎之上。

「明治十四年政變」一方面從政府裡驅逐大隈重信及其勢力，同時也頒布「將於明治廿三年為期，召議員，開國會，以成朕之初志」的《開設國會詔敕》，讓民眾相信政府有讓人民參政的誠意。

帝國憲法頒布的翌年七月一日，日本破天荒舉行有史以來第一次代議士選舉。過去十餘年板垣在自由民權運動的耕耘，在這次選舉展現成果，自由黨系在三百名席次中包辦一百零六席，穩坐議會第一大黨，若再加上大隈的改進黨系四十六席，民黨超過過半席次取得勝利。

由於自由黨系是眾議院第一大黨，眾議院議長理應由自由黨系成員擔任。十一月廿九日帝國議會在麴町區內幸町二丁目（東京都千代田區霞關一丁目）臨時議事堂（並非現在的國會議事堂）召開，這一天也是《大日本帝國憲法》正式生效日，在臨時議會堂上致詞的眾議院議長是前自由黨副總理中島信行。

雖然此時中島和陸奧已因分屬不同陣營，導致海援隊時期建立的情誼漸行漸遠，但並不能掩蓋兩人曾經有過良好友誼的過往。中島最初的髮妻是陸奧之妹，名為初穗，與中島育有三子，長男中島久萬吉繼承父親衣缽進軍政壇，曾任齋藤實內閣的商工大臣。

明治十年中島初穗去世，自由黨解散後（明治十七年）中島娶小自己十八歲的女權運動家岸田俊子為後妻（改名中島湘煙）。

陸援隊的田中顯助生於天保十四（一八四三）年，早年曾在武市半平太的道場學習劍術，後來受參與暗殺吉田東洋的叔父那須信吾之影響，加入土佐勤王黨。山內容堂整肅藩內攘夷派時被處以蟄居的處分，翌年與三名藩士脫藩前往長州，而有與龍馬一同參與四境戰爭的機會。慶應三年加入陸援隊，因劍術造詣不夠未能參與由陸奧籌畫為龍馬復仇的天滿屋事件。在鳥羽．伏見之戰期間奉大久保利通之命率領陸援隊及十津川鄉士登上高野山牽制紀州藩一事，算是顯助在戊辰戰爭期間立下較大的戰功，不過即便沒有顯助也不至於影響戰局。

進入明治時代，顯助改名光顯，西南戰爭擔任政府軍會計部長，戰後留在陸軍，擔任陸軍省會計局長，最終軍階為陸軍少將。之後轉任元老院議官，同時兼任首任內閣書記官長，歷任警視總監及宮內大臣，並敘爵為子爵（明治末期成為伯爵）。

任職十一年多的宮內大臣期間適逢日俄戰爭，當時宮中普遍瀰漫在皇軍不敵俄國的消沉氣氛中，特別是俄國波羅的海艦隊（The Baltic Fleet）一旦出現在日本外海，日本帝國的命運將會被徹底改變的說法甚囂塵上。明治三十七（一九〇四）年二月六日，第一次桂太郎內閣外務大臣小村壽太郎正式向俄國斷交，當夜，昭憲皇后在葉山御用邸[17]做了一個夢。

夢中有一白衣武士向皇后微微點頭，然後說道：

17 葉山御用邸：位於神奈川縣三浦郡葉山町，日後大正天皇崩御於此。御用邸乃天皇或皇族的別墅，一年有數次進行避暑、避寒或靜養之用。

「我在維新前為國事奔走、獻身，名為南海坂本龍馬。」

皇后似乎不曾聽過龍馬之名，白衣武士又說道：

「我在維新之前就熱心關懷海軍之事，此次與俄國交戰，我雖身亡但魂魄還留在海軍，願效股肱之力，請不用過度擔心勝敗。」

說完白衣武士消失無蹤。皇后醒來後翌晨找來時任皇后宮大夫的香川敬三子爵，向他詢問龍馬是何等人也。香川雖出身水戶藩，然而文久年間從水戶脫藩，之後幾乎都在中岡的身邊，與土佐攘夷志士或多或少有交情，對龍馬自有一定程度的認識，他向皇后大致說明龍馬的生平。當夜白衣武士又出現在皇后的夢境中，隔日香川透過皇后身邊的女官終於清楚事件的始末，他向人在東京的田中調來龍馬的照片，委託女官擺放在皇后寢室的角落。

皇后一見到龍馬的照片立刻驚呼接連兩夜出現在她夢境的正是此人，於是關東一帶的報紙都以「皇后的奇夢」為題加以刊載、報導，沉寂多年的龍馬至此被再度想起，京都靈山官祭招魂社（靈山護國神社）的龍馬墓旁立起一忠魂碑，逐漸掀起龍馬熱。

明治四十二年田中光顯從政界引退，終其一生田中都堅持「皇后的奇夢」確有其事，然而，真是如此嗎？自明治六年政變以來，薩長幾乎把持政府的每一部門，唯獨無法「攻陷」宮中，當時宮中的代表人物如香川敬三（皇后宮大夫）、田中光顯（宮內大臣）、土方久元（帝室制度調查局總裁）、佐佐木高行（皇典講究所所長兼國學院院長）都是土佐藩出身，不然即是與土佐藩維持良好關係，與薩長政府格格不入而備受冷遇。「皇后的奇夢」會不會是土佐派趁日俄戰爭的良機，藉以提升土佐聲勢而從宮中傳出來的呢？

昭和十四（一九三九）年三月，中日戰爭進行得如火如荼時，田中光顯以九十六歲高齡辭世，當時所有經歷過幕末的志士，只剩公卿中清華家出身的西園寺公望公爵還在世。

十一、御陵衛士

於元治元（一八六四）年十月帶領七名弟子加入新選組的伊東甲子太郎，立即被新選組組長近藤勇任命為參謀，地位在副長土方歲三之上，在新選組內僅次於近藤。

伊東在某些方面與清河八郎並無二致，原本是想將新選組變成尊王攘夷的浪士組，不過隨著改元慶應、政治局勢對幕府逐漸不利，新選組隊士脫隊情形迭有所聞，只要出現脫隊情形，副長土方均以違反《局中法度》為由下令隊士切腹，隊士成員因此逐漸減少。伊東最後只得放棄原先的想法，改為與各地支持勤王的志士會面，在京都透過薩摩藩邸的中村半次郎與西鄉等人聯繫。

慶應二（一八六六）年伊東已在思考如何退出新選組且又不會被視為脫隊的方法，為此伊東一方面與朝廷的數位公卿維持良好關係，一方面等待時機。慶應三年春謠傳新選組主要成員即將被幕府提拔為幕臣的傳言，伊東認為這是脫離新選組的時機，於是主動與他帶進新選組的弟子篠原泰之進前去拜訪近藤、土方二人，說道：

「我們不希望成為幕臣而受到拘束，因此想另組浪士組，但並非要脫離新選組。新浪士組不帶佐幕色彩，以便在沒有佐幕立場下與薩摩、長州接觸，藉以打探其機密，好回報新選組。」

伊東這番話頗有破綻，不過近藤、土方二人似乎沒能察覺，或許他們也感受到幕府大勢已去，不僅沒有拒絕伊東的提議，也沒有以違反隊規為由要伊東等人切腹。慶應三年三月十日，伊東帶走鈴木三樹三郎、篠原泰之進、服部武雄、加納道之助、內海二郎、新井忠雄、毛內有之助、富山彌兵衛、阿部十郎、橋本皆助、藤堂平助、齋藤一共十三人（亦有加上中西昇、清原清二人共十五人的說法），以為先帝守陵（後月輪東山陵）為由駐屯於五條大橋附近的長圓寺（京都市下京區中堂寺西寺町），由武家傳奏賜予「御陵衛士」之名。六月八日再以高台寺月真院為屯所，掛上「禁裏御陵衛士營區」的木牌，並得朝廷准許掛上印有菊與桐之紋章的幔布。

讀者看到齋藤一跟隨伊東出走，另起御陵衛士的新爐灶或許會覺得奇怪。其實，他是奉近藤、土方之命臥底在御陵隊士裡打探消息，當然伊東也不是省油的燈，他也安插佐野七五三之介等四人留在新選組，隨時向他報告近藤等人的動向。

御陵衛士雖說聽命朝廷，但實際上卻透過中村半次郎領薩摩藩的俸祿，等於甘願成為薩摩的走狗，這讓原本不能諒解伊東出走的近藤、土方二人堅定了消滅伊東及御陵衛士的決心。

「放棄堂堂新選組的參謀，而去成立一個根本沒人加入的御陵衛士，真是給臉不要臉。」

既然要消滅伊東便不能讓他得知新選組的計畫，於是近藤、土方決定先除掉伊東安置在新選組內的四名臥底。之後，土方找來佐野等四人，命他們前往黑谷金戒光明寺向會津藩領取費用，為取信佐野等四人不使之起疑心，土方還說自己也會過去。土方事先安排大石鍬次郎等十人埋伏在會津藩邸內，只要見到土方離開四人所在的房間便衝進去結束他們的性命。

領到新選組需要的錢之後，貪杯的佐野等人選擇留在會津藩邸喝酒，在觥籌交錯的氣氛下，土方認定下手的機會已經到來遂藉故離去。土方一離開，大石等十人立即衝入房間亂刀砍死佐野等四人。雖然是在秘密的情形下進行，除近藤、土方及下手的十人外無人知曉，但是難保這十人不會在其他酒宴中洩漏出去，因此近藤決定在數日後的十一月十八日行刺伊東。

伊東不僅不知自己即將大難臨頭，也不曉得他留在新選組的臥底已被清除，十一月十三日還前往近江屋提醒龍馬注意暗殺事件（請參見第二部第十九章），對於即將發生在自己身上的暗殺卻毫無知覺。

十一月十八日早上近藤遣人送信函給伊東，說想單獨與伊東喝酒談天。篠原泰之進認為這是鴻門宴而勸阻，伊東對此則有不同的看法，認為不應拒絕近藤的好意，而且必須心懷坦蕩，拒絕篠原提出的攜帶隨從的意見。以這點來看，伊東和清河八郎都有過度自信的毛病，因此也招致同樣的下場。

伊東隻身前往位在七條通與堀川通交界的興正寺（西本願寺南邊，京都市下京區堀川七條上行）附近，那裡是近藤的情人孝子的住處，近藤刻意約在此地是為降低伊東的戒心。孝子是大坂新町（大阪市西區新町）遊廓深雪太夫[18]的妹妹，本人也曾是大坂新町的煙花女子，

18 太夫：遊女、藝妓的最高位階。

深諳酒席間的應對文化。在她的頻頻勸酒下，伊東不覺多喝幾杯，夜四時才步伐蹣跚地踏上歸途。

伊東通過堀川通與木津烏橋通交會處來到本光寺（京都市下京區油小路通木津烏橋上行）前，黑夜中突然一隻長槍出現，貫穿伊東的右肩，直刺咽喉。刺入咽喉的劇痛讓伊東酒醒，手握劍柄，在夜色中似乎要確認有多少名敵人。大石鍬次郎正欲一刀結束伊東的性命，昔日曾為伊東隨從的勝藏（姓氏不詳）制止說道：

「請留給我了結伊東的一刀，我想立功。」

大石點點頭，收起已拔出部分的刀鋒。勝藏快速拔刀朝伊東右肩砍下，同一時間勝藏的臉也被伊東砍成兩半，癱軟倒地而死。

這時現身的土方指示大石將伊東的屍體拖到七條通與油小路通的交界口作為誘餌，今晚要一舉消滅御陵衛士。大石命人把伊東的屍體往北拖行到七條通與油小路通的交界口，然後命其他新選組隊士躲藏在四周。這一晚據說新選組出動永倉新八、齋藤一、原田左之助、島田魁、宮川信吉等二十餘名到四十名不等的隊士，出動這麼多隊士只為了暗殺伊東未免太小題大作，他們真正的目的是埋伏在油小路殲滅御陵衛士。

不久京都町奉行與力發現油小路有一具橫死的屍體，認出是伊東後趕去高台寺月真院要篠原等人領回屍體。伊東死後形同御陵衛士領袖的篠原泰之進認為若不前去領回伊東的屍體，今後將被瞧不起，儘管此行必遭新選組的埋伏。然而此時在高台寺月真院的御陵衛士只有篠原、鈴木三樹三郎、藤堂平助、加納道之助、服部武雄、富山彌兵衛、毛內有之助共七人，以七敵二十餘人（或四十人）幾乎毫無勝算，但眾人皆無懼意。

七人一走到油小路即看見一具已經僵硬的屍體被丟棄在地，正待上前確認是否為伊東的屍體，突然四面八方響起急促的跑步聲，看來難免一陣血腥的惡鬥。篠原當下將七人分為三組，全力應戰。由於藤堂平助是試衛館派的叛徒，因此承受最多敵人的攻擊，儘管藤堂是北辰一刀流的好手，混亂中還是遭砍十數刀、傷重而死，得年廿四歲。

當晚應該數服部武雄的場面最為激烈，他奮力砍死數名新選組隊士，身上有二十多處負傷而戰至力竭，最後被原田左之助一槍斃命，享年三十六歲。弘前藩脫藩武士毛內有之助與數名敵人激戰至太刀斷裂，正欲拔出脇差繼續應戰時，右手遭到砍斷，隨即被亂刀砍死，享年三十三歲。

篠原等其餘四人終於殺出突圍，往西狂奔躲進薩摩藩邸，終於躲過一劫。這晚死去的伊東、藤堂、服部、毛內四人於慶應四年二月合葬於泉涌寺塔頭戒光寺（京都市東山區泉涌寺山內町）。

慶應三年十二月十八日夕七時過後，近藤騎在馬上率領二十餘名新組員從墨染（京都市伏見區墨染町）沿著伏見街道（從京都五條通沿鴨川東岸南下到現今京阪本線墨染站附近的街道）返回伏見奉行所（京都市伏見區讚岐町），奉行所剛於十二月成為新選組最新的屯所，亦是新選組在京都最後一個落腳處。

此時突然響起一聲槍聲，原來是近藤勇遭到狙擊，近藤右肩胛骨被槍彈打碎，他努力撐住身體不讓自己墜馬，這時不遠處一間破房突然衝出數名劍士拔刀朝近藤殺來，近藤身旁的二十餘名新隊士一瞬間有數名喪命，剩下的隊士嚇得拔腿逃去，近藤見情勢不對快馬加鞭逃離現場。原來狙擊近藤的是一個月前油小路決鬥中逃脫的篠原泰之進，他率領富山彌兵衛、阿部十郎等殘存的御陵衛士埋伏此地明顯是為死去的伊東等四人復仇。

近藤回到伏見奉行所後找來御典醫[19]松本良順醫治，篠原這一擊沒能奪走近藤的性命，卻奪走他身為劍客的資格。此後新選組名義上雖仍以近藤為局長，但實權已轉移到土方身上，半個多月後的鳥羽．伏見之戰便是由土方指揮新選組與幕軍一同作戰。

慶應四年三月六日以乾退助率領的土佐藩迅衝隊（以土佐上士組成的軍隊）為主力，在甲州勝沼之戰擊敗甲陽鎮撫隊，新選組隊士大石鍬次郎打扮成農民，意圖逃脫。不料卻被加入官軍並且擔任軍官的前御陵衛士隊員加納道之助認出，大石旋被以殺害伊東甲子太郎的罪名處死。一個多月後的四月廿五日，化名大久保大和的近藤勇在下總流山被捕，也是被加納道之助認出後斬首。

富山彌兵衛於閏四月一日隨薩摩藩征戰至越後，在當地被水戶藩兵逮捕，意圖脫逃時被亂槍刺死。篠原泰之進、鈴木三樹三郎、加納道之助、阿部十郎等人都活到明治．大正之交，均有七十幾歲的高壽，其餘隊士的下落不詳。

19 御典醫：在典藥寮工作的醫師，亦稱為典醫。

十二、江戶三大道場

據目前的資料顯示，日本在古墳時代（三世紀到七世紀）已出現劍術，最早的劍術始於鹿島神宮（茨城縣鹿島市宮中）。由於鹿島神宮的主祭神武甕槌神（又名建御雷神）是《古事記》、《日本書紀》中的三位軍神之一（另二位為香取神宮的主祭神經津主神、諏訪大社的主祭神之一建御名方神），因此謝神儀式與其他主祭神非軍神的神社有所不同也不足為奇，劍術據說是服侍該神宮的神官在謝神儀式中領悟出的招式。由於每位神官的資質與悟性並不相同，因此雖同為鹿島神宮的神官，久而久之發展出不同的流派，據說一共衍生出鹿島流、香取流、日本流、本心流、良移流、神刀流、卜傳流等七個流派，統稱為「關東七流」或「鹿島七流」。

約七百年後的平安末期，京都出現一位名為鬼一法眼的法師，他在京都鞍馬山（京都市左京區）傳授八位僧侶劍術。而平安末期源氏的超級戰將源義經幼年在鞍馬寺出家時曾蒙鬼一法眼傳授兵法，據說義經也是鬼一法眼傳授劍術的八位僧侶之一，八位僧侶衍生出八個不同流派，統稱「京八流」。

「京八流」究竟是哪八個流派？目前知道的只有念流、中條流、京流、吉岡流。據說還有義經流、鞍馬流，儘管這兩流派感覺像是虛構出來的。與現今失傳的「關東七流」相比，念流、中條流、京流、吉岡流在室町時代劍術史上扮演極為重要的角色。

室町時代可說是日本劍術第一個高峰期，長時間的發展匯聚成念流、神道流、陰流等所謂的「兵法三大源流」，之後的劍術流派多半從這三派中演變而出。創立念流的念阿彌慈恩（俗名為相馬四郎義元）、創立神道流（全名天心正傳香取神道流）的飯篠長威齋家直，以及創立陰流（也稱為影流）的愛洲移香齋久忠堪稱這時代的劍術名家。

戰國時代到江戶初期是日本劍術第二個高峰期，這一時期的特點為名家輩出及派系眾多，如宮本武藏與佐佐木巖流（小次郎）以及吉岡傳七郎、吉岡一族的三場決鬥是日本膾炙人口的說書故事。其中對後世影響最大、最受戲劇小說青睞的當數上泉伊勢守信綱創立的新陰流。上泉伊勢守據說兼學「兵法三大源流」，因此集三家之長（主要以陰流為主）成立新陰流。上泉伊勢守早年曾出仕箕輪城（群馬縣高崎市箕鄉町）城主長野業正，期間立功卓著曾得長野業正的「上野國一本槍」的感謝狀，隨著箕輪城為武田信玄攻下，上泉伊勢守曾短暫出仕武田家，但最終仍選擇離去。

此後，上泉伊勢守帶著外甥疋田豐五郎、門生神後伊豆守，高舉「兵法新陰流軍法軍配天下第一」的木牌到各地修行。在畿內，上泉伊勢守受到來自各地喜好劍術者的歡迎，大部分的時候上泉伊勢守只是略做指點（如「劍豪將軍」足利義輝、北畠具教），實際上收為門下的門徒並不多，除前述疋田豐五郎、神後伊豆守宗治外，只有柳生石舟齋宗嚴、寶藏院胤榮、松田織部之助、奧山休賀齋公重、丸目藏人佐長惠、那珂彌左衛門等人，其中以柳生石舟齋宗嚴及其創立的柳生新陰流名氣最大，是江戶時代唯一的劍豪大名（領地在大和國添上郡柳生鄉，石高一萬二千五百石）。

江戶末期歷經幕末到明治初期是日本劍術第三個高峰期，這一時期名家依舊輩出，但流派的開創較戰國時代少上許多，代之而起道場林立。此時期的劍豪除少數仍選擇各地修行外，大部分選擇在江戶開設道場，既可免於各地修行的辛苦，門徒拜師時獻上的束脩也可維持道場的開銷。

江戶是幕府的所在地，這裡有半數人口是武士出身及其家屬，要開道場當然首選江戶，這裡有著全國最多的道場。論名氣、論規模、論口碑，最有名的當數以下三大道場：

一、士學館

初代桃井春藏(直由)於安永二(一七七三)年在日本橋南茅場町(中央區日本橋茅場町)成立鏡心明智流的道場，命名士學館。其長男二代桃井春藏(直一)將道場遷徙至京橋大富町(中央區新富)，到幕末時期道場主人為第四代桃井春藏(直正)。

二、玄武館

文政五(一八二二)年千葉周作(成政)在日本橋品川町成立北辰一刀流的道場，命名玄武館，三年後遷徙至神田於玉池(東京都千代田區岩本町二丁目)。

三、練兵館

文政六年齋藤彌九郎善道在九段坂下俎橋(千代田區九段北一丁目到九段南一丁目之間)成立神道無念流的道場，命名練兵館，之後遷徙到九段坂上(靖國神社內)，維新回天後撤出該地。

在文政・天保年間（一八一八～四五），士學館、玄武館、練兵館皆有三千以上門徒。三大道場各有特色，幕末期間出身九州的劍豪松崎浪四郎，曾在安政年間前來江戶參與大名間舉辦的江戶各流派比試，因此有近距離觀察三大道場的機會。松崎在觀察過三大道場的身手後曾如此形容：

「位是桃井，技是千葉，力是齋藤。」

意即鏡心明智流講究移動走位、北辰一刀流講究技巧、神道無念流講究力道。

土佐藩白札武市半平太曾於安政三年在士學館學習劍術，後來被任命為該道場塾頭，上田馬之助、坂部大作、久保田晉藏、兼松直廉（以上為桃井四天王）、岡田以藏、逸見宗助、三橋鑑一郎、秋山多吉郎等人皆是活躍於幕末・明治年間的鏡心明智流好手。

文久二（一八六二）年，第四代桃井春藏被幕府聘為講武所劍術師範，慶應三（一八六七）年受徵召前往京都擔任慶喜的護衛，因反對幕軍籠城大坂城與官軍作戰的計畫而脫離幕軍。之後接受朝廷的邀請，主持官軍收編大坂與力和同心組成的警備隊（浪花隊），擔任指揮兼劍術師範，到明治三（一八七〇）年方始解散。

明治十六年警視廳成立擊劍世話掛，聘用鏡心明智流高徒上田馬之助、坂部大作、久保田晉藏、兼松直廉等人，在明治時代的警視廳成為主流。不僅是警視廳，連日本陸軍都有拔刀隊，因此在明治時代歷經短暫沉寂，劍術再度成為每位役男必學的武術。戰後軍隊解體，鏡心明智流似乎已在現代日本失傳。

至於北辰一刀流一向是江戶三大道場的筆頭，深得旗本及諸藩的青睞。小千葉周作四歲的弟弟千葉定吉也是北辰一刀流的好手，他在桶町八重洲開設道場。習慣上稱千葉周作或神田於玉池的玄武館為大千葉，千葉定吉或桶町道場為小千葉。大小千葉道場中，上級武士分布在玄武館，下級武士則分布在桶町道場。

如玄武館四天王森要藏、庄司弁吉、稻垣定之助、塚田孔平，以及山岡鐵舟、清河八郎、海保帆平、山南敬助、藤堂平助、井上八郎、根岸友山、加納道之助均出自大千葉玄武館；坂本龍馬、千葉重太郎、有村次左衛門等人則出自小千葉桶町道場。

大小千葉道場在維新回天後因學習劍術的人數急遽減少而關閉，隨著徵兵制的實施以及部分北辰一刀流劍士進入警視廳擊劍世話掛，玄武館以此為契機得以重新開幕。戰後北辰一刀流重新發展，目前擁有千葉道場、水戶東武館、小樽玄武館等三地道場，二〇一六年三月廿六日，一位德國人成為第七代北辰一刀流宗家，取日本名大塚龍之介政智。

桂小五郎於嘉永五年前往江戶投入神道無念流門下，不過數月取得免許皆傳的資格，一年左右成為練兵館的塾頭。因此長州志士如高杉晉作、井上聞多、伊藤俊輔多半入其門下，此外還有永倉新八、芹澤鴨、新見錦、平山五郎、平間重助、野口健司、渡邊昇（桂之後的塾頭）等人皆出自神道無念流。

慶應四年初，彰義隊組成時有意找齋藤擔任首領，但被齋藤拒絕。新政府成立後被任命為造幣局（大阪市北區天滿一丁目）權判事而前往大坂赴任，這是齋藤出仕新政府唯一的職務。

戰後，神道無念流得以倖存，加入成立於昭和五十四（一九七九）年的「日本古武道協會」。

十三、幕末四大人斬

日文的「人斬」（人斬り）相當於中文的「殺手」、「刺客」之意，幕末時期暗殺事件——包含天誅在內——之所以層出不窮，很大的原因在於願意以「人斬」身分一夕成名的劍客眾多，當中以四位人斬最為有名，統稱為「幕末四大人斬」。「幕末四大人斬」的高名氣，有一部分來自於被他們殺害的受害者過於有名，連帶也捧紅下手的人斬，以下筆者依年齡順序簡單介紹幕末四大人斬。

首先從四人中年紀最長的田中新兵衛說起。

1 田中新兵衛

田中新兵衛並非出身武士階級，甚至連半農半武士也算不上，據說他是個船家之子，亦有一說是藥商之子，總之並非武士出身。田中的劍術流派也不甚清楚，大抵不出薩摩示現流或藥丸自顯流等薩摩本土流派。

田中在文久二（一八六二）年六月上洛以前的事蹟並不清楚，然而他一上洛立即讓京都民眾陷入極度的恐慌。當時島津久光在上洛期間對權大納言近衛忠房、權大納言兼議奏中山忠能和正親町三條實愛三卿提出九條建言（請參照第二部第七章），幾乎都與赦免安政大獄的處分有關。久光的建言無一字提及攘夷，可是攘夷派卻認為他們的時代已經到來，為給在安政大獄期間充當井伊大老的眼線、出賣攘夷志士的走狗教訓，京都吹起天誅的風潮，首件天誅事件的執行者即是田中新兵衛，成為他刀下亡魂的是惡名昭彰的島田左近。

島津久光與三卿的建言中提及，待近衛忠熙解除謹慎後將以他為九條尚忠的繼任關白，結果九條關白於七月十九日解職，隔日九條關白的家臣島田左近立即成為天誅的犧牲者。

七月廿日晚上，島田左近從木屋町通（京都市中京區，位在高瀨川東側、先斗町以西）的小妾家離開，不久遭到田中新兵衛等三人的襲擊，腦滿腸肥的島田只逃一段路即被田中追上並砍下首級。隔天島田首級被梟首在沿先斗町的河岸邊，用竹竿插著首級，竹竿上掛著一塊木牌是為斬奸狀，島田的死狀從此成為天誅的模式。

八月，在九州志士的介紹下，田中結識土佐勤王黨領袖武市半平太，然而，半平太看待新兵衛與他看待岡田以藏的態度差不多，都把他們視為除去攘夷妨礙者的工具。閏八月廿日，田中被武市教唆去行刺同為攘夷志士的本間精一郎。

既是同為攘夷志士為何還要除去他呢？因為本間精一郎過於自大，這點與他的好友清河八郎如出一轍，武市當時已是攘夷派的領袖之一，在本間面前卻被奚落得下不了台，因而引來殺機。本間與先前的島田左近不同，本身也是個劍術好手（流派不明），是以武市派出連同田中在內共六名刺客執行此次任務（據說岡田以藏也在其中）。

行刺本間比起島田明顯困難許多，六名刺客使出渾身解數皆被本間一一化解，可是卻耗盡本間的體力，最後被田中砍成重傷，其餘五名刺客蜂擁而上，亂刀砍死本間。與島田的下場相同，本間的首級被砍下，擺在四條河原梟首，屍體則扔進高瀨川。

之後幾個月內，田中陸續暗殺渡邊金三郎、大河原重藏、森孫六、上田助之丞（以上四人均為京都町奉行與力）。文久三年五月廿日夜四時，姉小路公知結束朝議，從禁裏西邊的公卿門離開，與他一起踏上歸途的三條實美出公卿門後往南，姉小路則往北走。姉小路一行經過乾御門右轉，走到禁裏北門朔平門附近的猿路口（猿ヶ辻）遇到三名蒙面刺客埋伏，姉小路的隨從立即與刺客爆發激烈打鬥，三人中的一位刺客遭隨從砍傷手腕，然而不會劍術的姉小路，臉部及胸口均遭刺客砍成重傷，當場血流如注，送回自宅途中死去，得年廿四歲。

七卿落之一的公卿東久世通禧在維新回天後曾追憶道：

「我們這些人（指攘夷派公卿）當中，姉小路最富氣魄，我覺得就這點而言與岩倉公不相上下。不過，他比岩倉公更具膽識及威嚴。他倆的氣質及政見不同，因此水火不容。想不到竟遭到暗殺下場，實在是件遺憾的事。」

姉小路是正四位下的公卿，而且又死在禁裏附近，造成的震撼與島田左近、本間精一郎等人明顯不同，翌日武家傳奏野宮定功傳達天皇旨意，下令京都守護職松平容保徹查。根據現場遺留的刀鞘和木屐證實是薩摩藩所為，於是朝此方向搜查。五月廿二日土佐志士那須信吾出面證實刀鞘的主人是薩摩藩的田中新兵衛，於是會津藩在田中住所埋伏，廿六日一舉擒伏田中以及在他住所進出的仁禮源之丞，一口認定兩人即是此案的兇手（但犯人明明有三人）。

田中趁審訊的與力、同心疏忽，拿出脇差自裁，當場死去，享年三十二歲。

朔平門外之變大概永遠不會真相大白，即便田中、仁禮是犯人，幕府及薩摩藩對於另外一名兇手似乎毫不關心，在田中死後立即結案。

2 河上彥齋

河上彥齋出身熊本藩，他雖是個劍客，本身亦有淵博的學問，他曾師事國學者林櫻園、儒學者轟武兵衛、兵學者宮部鼎藏，是四大人斬中最有學問的人。由於河上彥齋是刺客中罕見的飽學之士，而且據目前的史料來看，他與前文提過的田中新兵衛及後文將提到的岡田以藏等雙手沾滿血腥的刺客極為不同，只有一人成為他的刀下亡魂。有著一般人對刺客截然不同形象的河上，成為漫畫家和月伸宏的作品《神劍闖江湖》（るろうに剣心—明治剣客浪漫譚—）主人公緋村劍心的原型。

河上的劍術流派至今仍無法確定，他在維新回天前似乎沒有到過江戶，江戶的流派基本上可以排除在外，他自稱自己的劍術為「我流」，亦即不師承任何流派，而是自己獨創的逆袈裟斬（單膝跪地，由下往上斜砍）。

受到國學的影響，河上成為極端的攘夷者，他於文久三年登上歷史舞台，這一年他與宮部鼎藏上洛，因優異的劍術成為保衛御所的親兵。該年八・一八政變導致攘夷勢力退出京都，河上便隨攘夷派退出京都，保護被逐出京都的七卿前往長州。隔年池田屋事件使得好友宮部鼎藏死去，河上為對新選組復仇潛入京都，但是卻沒有河上殺死任何一名新選組隊士的記載。

有一則軼聞可以說明河上的性格以及其劍術的精湛。在京都期間的某日，河上和數名友人到酒樓喝酒，席間一名友人頻頻訴說對某位差役專橫的怨恨。默默在角落斟酒自飲的河上彥齋突然不見人影，許久之後才看見河上匆忙提著一個沾滿血跡的包袱回來。打開一看竟是方才友人抱怨的差役，原來方才看似斟酒自飲的河上已暗中記下差役的身體特徵，趁友人不注意時悄悄離去找尋這位專橫的差役將其殺害，切下首級帶回酒樓給友人下酒。

元治元（一八六四）年七月十一日，河上彥齋終於殺死一位名人，因此次行動而名列幕末四大人斬，成為他刀下亡魂的人名叫佐久間象山。佐久間象山大概是幕末時期學問最淵博的日本人，但他的恃才傲物也是當世無出其右，因此他的學問雖受人人讚賞，卻不見得人人喜愛，受到怨恨的程度可能還在讚賞之上。

當天夕七時半的三條木屋町，象山威風凜凜地騎在裝備西洋馬具的愛馬上，旁邊跟隨馬伕及隨從，如果他是室町時代的武將很有可能是個婆娑羅大名[20]。此時一個身材矮小的男子頭戴斗笠朝象山靠近，他突然拔出刀來躍起、朝象山的頭筆直砍下。據目擊者供述，象山被砍時臉上猶帶笑容，可見河上拔刀之快，象山幾乎是筆直地被劈為兩半。

在河上的認知裡，象山是個過度自信、鼓吹日本開國，全面引進蠻夷技術和制度的賣國賊。後來河上得知象山是當代首屈一指的學者，他主張引進蠻夷技術是為了讓日本跟上歐美列強，並非他原先所想的賣國賊，他感到萬分懊悔，立誓再也不從事暗殺的勾當。

二年多後河上前往長州，參與高杉晉作主導的功山寺舉兵以及攸關長州存亡的四境戰爭，慶應三(一八六七)年返回熊本。一回到以佐幕為藩論的熊本，主張攘夷的河上即被捕下獄，因此錯過鳥羽．伏見之戰。慶應四年二月河上出獄，熊本藩似乎還未看清局勢，繼續堅守佐幕立場，沒有勇氣脫藩的河上最終錯失整個戊辰戰爭。

明治四(一八七一)年一月九日，得到政府賞賜一千八百石賞典祿的長州藩士廣澤真臣(在志士中僅次於西鄉，與大久保利通、木戶貫治並列第二)遭到暗殺，廣澤的屍體共有十三處刀傷，其中有三處位在喉嚨，經診斷後斷定是致命傷。年輕的明治天皇對廣澤的死感到哀傷、震怒，下令一定要找到兇手並予以正法。然而調查對象前後加起來超過八十名，在缺乏科學方法及精神辨案的當時，始終無法縮小嫌犯的範圍。

20　婆娑羅大名：衣著光鮮、重視排場、揮霍錢財的武家大名。

在天皇規定的破案期限前，薩長要員經討論後決定從幕末時強烈主張攘夷、維新回天後對政府的西化反彈甚烈的攘夷派中尋找犯人，於是河上彥齋成為他們口中的兇手。同年十二月四日在日本橋小傳馬町（東京都中央區日本橋小傳馬町）將河上斬首，享年三十八歲。

不過，行刺廣澤真臣的兇手至今仍未能破解。

3 岡田以藏

岡田以藏於天保九（一八三八）年生於土佐國香美郡（高知縣南國市），是個年俸只有二十石的貧困家庭，使得以藏失去求學的機會，失學的缺陷讓以藏無法像當時的志士對天下情勢侃侃而談，只能淪為被人利用的殺人工具。

以藏幼年時跟隨武市半平太，最初學習的流派是小野派一刀流（以伊東一刀齋為祖師），安政三（一八五六）年跟隨武市前往江戶，改投桃井春藏道場士學館學習鏡心明智流，一年後返回土佐。萬延元（一八六〇）年以藏又跟隨武市前往中國（山陰山陽）、九州進行劍術修行，之後滯留豐後岡藩（大分縣竹田市）將近一年。

照理而言，兩次的諸國修行應能增加不少見聞而豐富以藏的學識，但是這些歷練除增進劍術外，似乎對以藏空空如也的腦袋幫助不大。文久元（一八六一）年八月武市在江戶築地土佐藩下屋敷成立土佐勤王黨，以藏毫不猶豫地加入，但是每當勤王黨開會，以藏總是被武市和其他勤王黨成員摒除在外（在《維新土佐勤王史》書中附錄的土佐勤王黨名單沒有以藏的名字）。

文久二年四月八日土佐藩參政吉田東洋遭到暗殺，筆者在第二部第八章已經提及此次暗殺事件與以藏無關，倒是吉田被暗殺後土佐派出下橫目井上佐一郎負責調查吉田的死因。井上執拗地在京坂一帶追查勤王黨員，他想透過酒宴讓勤王黨員說出真相，但在八月一日的酒宴後在大坂心齋橋（大阪市中央區心齋橋筋）遭到以藏絞殺，屍體被丟進道頓堀，開啟了以藏成為人斬的第一步。

一個多月後閏八月廿日本間精一郎的暗殺據說也有以藏的份，但是砍下致命的一刀、結束本間性命的是田中新兵衛。之後到文久三年一月的半年間，以藏陸續以他手中的刀殺害宇鄉重國、捕快文吉、渡邊金三郎．大河原重藏．森孫六．上田助之丞四與力（據說與田中新兵衛聯手）、平野屋壽三郎、煎餅屋半兵衛、多田帶刀、池內大學、賀川肇等人，即便扣除掉本間精一郎、四與力也有八人遭到以藏殺害，是四大人斬中真正殺人不眨眼的人斬。

一般野史、戲劇、小說中，以藏的形象幾乎都是沉默寡言、沒有自己的見解、為殺人而殺人。武市和勤王黨成員（如平井收二郎）只有在要殺人時才會想到以藏，也只有在此時以藏才會受到重視，一旦殺完人以藏又如空氣般不存在，從以上敘述讀者多少可以體會以藏嗜殺的心態是出於想要得到眾人的重視及肯定。

司馬遼太郎的小說《龍馬行》中，有一段劇情為龍馬安排以藏去當勝海舟的保鑣，藉以戒除他嗜殺的習慣。主張開國的勝是武市的眼中釘，以藏對武市言聽計從、奉若神明，但是面對有著不可思議魅力的龍馬，以藏竟被說服，在文久三年二、三月以後成為勝的保鑣。在勝海舟的《冰川清話》也有以藏來當保鑣的記載，顯然並非單純為司馬遼太郎的創作。

成為勝的保鑣後以藏再也未曾殺人，或許這才是以藏真正的面貌。然而這種充實的生活只到八・一八政變，隨著容堂表態佐幕、支持公武合體，幕府授意京都守護職以旗下組織掃蕩京坂一帶的攘夷志士，以藏因涉嫌殺害下橫目井上佐一郎遭到逮捕帶回土佐（並非如野史所述殺害吉田東洋）。

容筆者在本篇再強調一次，以藏當時並不是因為勤王黨成員擔心他會受不住拷打而招供，於是買通獄卒在他伙食裡下毒，在得知勤王黨成員的陰謀後憤而全盤托出，以藏單純是在幾次拷打後自行招供的。得到以藏的自白後，被捕下獄的勤王黨成員一一被定下罪名。諷刺的是，勤王黨首領武市半平太與岡田以藏同樣在慶應元年閏五月十一日就義，白札出身的武市享有切腹的資格，尋常鄉士出身的以藏在獄中被草草斬首，得年廿八歲。死後還被剝奪武士身分，也被排除在土佐勤王黨死難者的合葬地高知縣護國神社（高知縣高知市吸江）之外。

《維新土佐勤王史》的作者坂崎紫瀾在「土佐勤王黨血盟者名簿」及「土佐勤王黨殉難者一覽表」的部分都沒有提及以藏，應該與以藏在獄中的表現有關。據佐佐木三四郎的日記《保古飛呂比》記載，以藏的辭世之句為：

君が為　尽くす心は　水の泡　消えにし後は　澄み渡る空

（為君奉獻一生，卻如水中泡影，消逝之後更顯清澈）

辭世中的「君」，顯然不是藩主（不管是容堂或豐範），最合理的解釋是指武市，或許這是被視為殺人工具的以藏真正的內心話。

4 中村半次郎

中村半次郎是幕末四大人斬最晚出生、最晚去世、壽命最長的一人，不過雖說壽命最長也不過是四十歲的程度而已。嚴格說來，半次郎與河上一樣不應列入幕末四大人斬的名單，半次郎在幕末的身分是(西鄉的)保鏢，進入明治時代則為陸軍軍人。

比起岡田以藏，半次郎的出身更為貧窮，是個年俸只有五石的窮鄉士。由於貧困，半村郎無法進道場學習薩摩藩的正統劍術薩摩示現流，只能在叢林裡削樹枝為劍，苦練劍術並且習字。維新回天後屢屢有人向半次郎要求墨寶，半次郎總是來者不拒，顯然他對自己的字跡有相當自信(不過有一說指出大部分是別人捉刀)。不過半次郎只有會寫字的程度，和文盲相比是五十步笑百步，對此半次郎洋洋得意地說道：

「要是讓俺念過書，天下早就是囊中之物。」

半次郎首度登上歷史舞台是在文久二年三月島津久光的上洛，身為久光隨從的一員或許在中途與西鄉打照過面，不久之後西鄉遭到二次流放外島的判決，因此這次的會面對雙方而言應該都沒有留下深刻的印象。元治元年四月，西鄉獲赦歸來後半次郎雖有私自前往長州及觀察水戶天狗黨的脫隊紀錄，但是幼年時曾與人決鬥導致傷及右手而無法持劍的西鄉，隨著在薩摩藩的地位日益重要，的確需要一個善於劍術的保鑣保護他，半次郎被認為是最佳的人選，從此這兩人的命運繫於一身。

此後，要見西鄉通常要透過半次郎，半次郎會為西鄉過濾不必要的人與事，像是慶應二年一月龍馬遇襲的寺田屋事件以及近藤長次郎切腹事件，西鄉都是透過半次郎的通報才知情。

慶應三年九月三日，半次郎執行畢生中唯一一次的暗殺任務，對象是曾在薩摩藩聘用的西洋軍學家赤松小三郎。他曾翻譯《英國步兵練法》一書，並以該書內容傳授薩摩藩協助建立英國式步兵，受過他教導的有野津鎮雄．道貫兄弟、半次郎、篠原國幹、村田新八、黑木為楨、東鄉平八郎、樺山資紀、上村彥之丞（後三人是海軍），對於薩摩藩的軍事近代化有所貢獻。

這樣的一個人因為出身譜代大名信濃上田藩，在他結束於薩摩藩的課程返回故鄉時，被解讀為有向幕府密告薩摩意圖的可能而引起殺機，執行任務的是曾為他學生的中村半次郎。

在統稱為戊辰戰爭的內戰中，半次郎在鳥羽．伏見之戰、上野戰爭、會津戰爭中立下大功，半次郎被稱為是「大西鄉的副將軍」，戰後得到賞典祿二百石的賞賜。在上野戰爭期間曾與三名前來暗殺的刺客激戰，半次郎當場斬殺一人，但左手中指及無名指被砍斷。

進入明治時代中村半次郎改名桐野利秋，被編為鹿兒島常備隊大隊長。明治四年追隨西鄉率領常備隊上東京，被新政府收編為保衛東京的御親兵，同時進入兵部省。明治初年的兵部省以陸軍為主，還在草創階段，只要在戊辰戰爭立功的薩長志士進入陸軍都能有極高的官階，像桐野本人一進兵部省立即被授予陸軍少將，他的好友篠原國幹也是陸軍少將，兵部大輔山縣有朋為陸軍中將，西鄉隆盛更是當時日本唯一的陸軍大將。

維新後的西鄉有一次被問道：

「萬一國外有事必須派遣軍隊時，誰最適合擔任統帥？」

西鄉不假思索回覆：

「板垣退助。」

提問者不死心，繼續問道：

「萬一板垣有事，無論如何分身乏術，誰是第二個最適合的統帥？」

西鄉也幾乎不假思索地回覆：

「桐野利秋。」

板垣在戊辰戰爭期間有甲州勝沼之戰及會津戰爭的實績背書，的確是當時日本最適合的統帥人選，但是桐野適合嗎？在此容筆者引用司馬遼太郎在《宛如飛翔》裡舉出的一段軼事作為說明：

……他（指桐野）雖適合當武人，但在當時的日本機械知識已相當普及的情況下，他卻對此仍一無所知。

「你有子彈嗎？」

村田（村田經芳，村田銃的發明者）一問，桐野立刻遞過一個繫有帶子的彈藥盒。打開一看，每一顆子彈都用紙包著。每次桐野連彈帶紙要裝進槍膛中，始終都不得要領。見村田除掉外面這層紙，桐野驚嘆極了：

「紙得剝掉是嗎？——」

桐野連射擊的方法也不清楚。火繩槍在射擊上也和這種槍一樣，但他就連火繩槍怎麼用也都不清楚，只知道抓著劍衝進鳥羽伏見的這場混戰中。

……………

但村田並不怎麼愉快。就在五、六年前而已，這個人連步槍上的表尺和準星還都搞不清楚，如今卻是執明治陸軍牛耳的人物。在那之後，也不見他再充實軍事知識。大砲的操作方法、射程、以及砲兵的用法，不消說，肯定也不清楚吧。

儘管村田經芳是個對政治不聞不問的軍人，也不禁對西鄉有如下的評斷：

「西鄉先生用了這樣的人當參謀，他的對外政策還有什麼可觀？」

同理，明治十年的西南戰爭以桐野的方案為戰略，儘管薩摩隼人勇健聞名，但除這點外，還能期待薩摩軍在西南戰爭取勝嗎？

桐野的戰略是拿著槍猛攻熊本城，與鳥羽．伏見之戰的差別在於把劍換成槍，失敗真的一點也不令人意外。明治十年九月廿四日，大勢已去的桐野在城山持刀自裁，亦有一說是在衝鋒時被政府軍擊斃，享年四十歲。

4.

第4部

在日外國人與日本女性簡介

〈横浜外国人行列之図〉——國立國會圖書館所藏

一、在日外國人

1 西博德（Philipp Franz Balthasar von Siebold，1796～1866）

西博德於1796年生於神聖羅馬帝國巴伐利亞州（Bavaria）的符茲堡（Würzburg），1815年十九歲時入符茲堡大學哲學系就讀。大學時代的西博德，比起哲學，似乎對醫學、動物學、植物學、地理學更感興趣，最終放棄哲學，繼承父親衣缽改讀醫學。

1820年西博德大學畢業，先是取得地方醫師資格，二年後前往荷蘭海牙（Den Haag），在那裡謀得荷屬東印度陸軍醫院外科大夫一職，1822年9月，西博德從鹿特丹（Rotterdam）踏上前往亞洲之路。1823年3月西博德抵達荷屬東印度，在巴達維亞（Batavia）居住約三個月。之後奉荷屬東印度總督之命前去日本，同年八月十一日西博德抵達鎖國體制之下日本唯一與世界接觸的窗口——長崎出島的荷蘭商館。

文政七（一八二四）年西博德在長崎出島附近成立鳴瀧塾（長崎市鳴瀧，現今的西德博紀念館），既是一所蘭醫診所，同時也是蘭學私塾。對當時已在日本盛行多年的蘭學而言，有個荷蘭學者(西博德在長崎出島自稱荷蘭人，若不這麼做便無法踏上日本國土)來到日本國土開設蘭學私塾，遍布日本各地的蘭學者猶如朝聖般紛紛前來長崎鳴瀧塾就教，高野長英、小關三英、伊東玄朴、二宮敬作等著名的蘭學醫、蘭學者都曾尊西博德為師。

隨著鳴瀧塾的門庭若市、上門求教及看診者眾，西博德在長崎累積幾乎無人可及的名氣，西博德向長崎奉行爭取在出島設立植物園以利研究日本的植物學，竟得到長崎奉行的許可，這在鎖國時期的日本非常罕見。

文政九年四月是四年一度的長崎荷蘭商館甲比丹的江戶參府。江戶參府始於慶長十四(一六〇九)年，最初由位在平戶的荷蘭商館不定期前往江戶，寬永十(一六三三)年起固定於每年春天參訪，寬永十八年荷蘭商館遷往長崎。寬政二(一七九〇)年後因日荷貿易量的減少改為每四年一次，到嘉永三(一八五〇)年為止江戶參府共進行一百六十六次，西博德受到甲比丹的邀請作為江戶參府的隨行人員。

根據《江戶參府紀行》、《江戶參府隨行記》、《江戶參府旅行日記》等史料記載，江戶參府的行程可分成三段路程：

長崎到下關的部分為短陸路；

下關到兵庫為水路；

大坂、京都到江戶為長陸路，行走東海道。

由於與參勤交代的時間錯開，准許江戶參府的行列投宿本陣或脇本陣[1]，另外在江戶、京都、大坂、下關、小倉五地有專門供江戶參府投宿的阿蘭陀宿。

甲比丹的江戶參府成員包含商館長甲比丹、書記、醫者、通譯以及警衛，人數大約介於五十到六十人之間。於該年正月從長崎出發，一般而言往返一趟大約費時六十多日到三個月之間，而此次的江戶參府由於西博德隨行的消息已事先傳出，無法前去長崎的蘭學者都想藉由此次西博德的到來向他請益蘭學上的疑問，這是這一次江戶參行歷時將近五個月的最主要原因。

這也是西博德來日近三年首度離開出島荷蘭商館，一路上他好奇地觀看各地景色，並

1 脇本陣：本陣的預備設施，大藩住不下本陣時，脇本陣可提供本陣供家格較低的武士投宿，參勤交代以外的時間脇本陣可供一般民眾宿泊。

沿途著手調查日本的地理、氣候及植物分布範圍，成為他日後撰寫《日本》、《日本植物誌》等書的素材。當時的將軍德川家齊破例接見西博德（一般而言在江戶參府的行程中頂多只有甲比丹和通譯能見到將軍，書記、醫者見到將軍的機率非常低），不過，在江戶的兩個多月時間西博德也只見到將軍一次。

幕府的御典醫桂川甫賢、天文方[2]高橋景保、蘭學者宇田川榕庵都熱情地向西博德請益，曾奉命深入蝦夷地（明治二年改名北海道）北端、樺太島（俄語稱薩哈林島，中文稱庫頁島）進行調查的探險家最上德內亦曾提出北方國防問題與西博德進行討論。筆者在第一部中提到薩摩隱居的藩主島津重豪曾帶領次男中津藩主奧平昌高、曾孫島津齊彬（皆有「蘭癖大名」之稱）與西博德對談，由於島津重豪會講荷蘭語，在不需要翻譯的情形下，此次對談應頗為盡興、暢快。更令西博德感到滿足的是，與天文方高橋景保結下當時東方社會根深蒂固的禁忌異國之交，卻也因此在日後為高橋景保帶來悲劇。

基於東西學術交流，西博德在江戶參府期間以歐洲地理學名作《世界周航記》、《荷蘭王國海外領土全圖》等作品，向高橋景保交換伊能忠敬親自走訪日本全國實際測量的《大日本沿海輿地全圖》的縮圖及《蝦夷圖》。兩人的行為在今日看來無傷大雅，但在當時觸犯幕府規定，兩人在不知不覺間成為幕府調查、監視的對象。

文政十一年九月，西博德在日本任期屆滿即將返國的前夕，十七日颱風登陸長崎，西博德搭乘的船隻受到颱風吹襲而觸礁，船上行李四散各地。在西博德的行李中發現《大日本沿海輿地全圖》及附有三葉葵紋的帷子[3]，三葉葵紋即德川家的家紋，私自贈予附有將軍家紋的服飾與攜帶《大日本沿海輿地全圖》出境都屬死罪，接獲長崎奉行的報告後幕府立即下令長崎奉行所徹查。

十月十日緝拿天文方高橋景保，關進傳馬町牢屋敷，筆者在第二部第二章曾提到傳馬町牢屋敷的衛生條件不佳，高橋景保下獄不久染上傳染病，翌年二月十六日病逝獄中。雖然高橋已死，他的兩個兒子受到連坐之累，被判處流放遠島，天文方及高橋的門生弟子、長崎奉行所的與力以及通譯通通受到連累。贈予西博德三葉葵紋帷子的人也被查出是幕府眼醫土生玄碩，他被免除御典醫的身分、俸祿全被收回並遭到下獄的處分。

2 天文方：江戶幕府設置觀察天體運行及曆法的機構，類似明清的欽天監。

3 帷子：原料為生絹或麻布，於夏季穿在身上的和服。

西博德本人則被逐出出島，永遠不能再踏上日本本土，是為「西博德事件」。之後鳴瀧塾被迫結束，該塾塾生高野長英、小關三英幸運躲過連坐波及，返回江戶成立尚齒會延續鳴瀧塾研究蘭學、蘭醫的精神。之後尚齒會改名蠻社，而躲過「西博德事件」的西博德門生高野長英、小關三英等人，終究躲不過發生在天保十（一八三九）年的「蠻社之獄」。

西博德不到三十歲隻身來到日本，當然會有生理上的需求，來日不久頻繁前往長崎丸山，與當地遊女楠本瀧過從甚密，「西博德事件」前一年五月生下一女，取名楠本伊篤（イネ）。從之後的歷史來看，西博德和她一起在日本的時間不超過一年半，楠本伊篤對生父的印象非常淡薄。也許是受到父親基因的影響，也許是受到養育她的父親、西博德的弟子二宮敬作之影響，楠本伊篤從事與父親相同的職業，成為日本最早學習婦產科和西醫的女性，是村上紀香的漫畫作品《仁醫》（Jin- 仁）中橘咲的原型。

楠本伊篤在司馬遼太郎的作品《花神》（一九七七年大河劇原著小說）是該書的第一女主角，與把蘭學看得比自己生命還重要的主人公大村益次郎彼此敬佩在蘭學上的造詣，因而發展出一段似有若無的戀情，這段戀情隨著明治二（一八六九）年十一月大村遭到暗殺死去戛然而止。

西博德黯然回國後埋首於《日本》、《日本植物誌》二書的寫作，《日本》一書是日後培理對日本了解的依據，這點筆者已在第二部第一章提及。隨著安政五年七月《日蘭修好通商條約》（《安政五國條約》之一）的簽訂，幕府解除對西博德不得踏上日本本土的禁令。翌年，六十三歲的西博德以荷蘭貿易公司顧問的身分回到睽違三十年之久的日本，文久元（一八六一）年受聘為幕府外交顧問而移居江戶、橫濱一帶。

西博德這次來日有沒有與女兒楠本伊篤重逢呢？這點似乎沒有明確的記載，他擔任荷蘭貿易公司顧問的地點在長崎，如果曾與女兒重逢應該是在擔任此職期間。雖說回國後的西博德另組家庭，也與妻子生下子女，但是對於無法團聚的異國女兒，西博德應該會有更深刻的想念及遺憾吧！

文久二年三月，西博德以老邁為由經長崎踏上歸國之途，1866年10月18日因敗血症病逝於慕尼黑，享壽七十歲。

2 培理（Matthew Calbraith Perry，1794～1858）

1794年4月10日，培理生於美國五十州中面積最小的羅德島州（State of Rhode

Island）紐波特（New Port，或譯新港），父親同為海軍軍人，官階至海軍上校，自幼受到父兄的耳濡目染。1809年，未滿十五歲的培理以海軍士官候補生的身分進入嚮往已久的海軍，1837年2月時培理一步步晉升到海軍上校。

1846年4月爆發美墨戰爭，培理以密西西比號艦長兼艦隊副司令的身分率領船艦強行登陸墨西哥灣沿岸城市維拉克魯茲（Veracruz）。培理在此戰役的登陸戰部分表現傑出，戰後從艦隊副司令晉升艦隊司令，官階從上校晉升代將。

不過，美墨戰爭並非培理在歷史留名的舞台，以東印度艦隊司令的身分打開日本鎖國的國門才是培理留名歷史的主因。在培理之前，美國其實已派過艦隊向日本叩關，弘化三年閏五月廿六日（格列高里曆1846年7月19日）東印度艦隊司令官貝特爾（James Biddle）率領戰艦哥倫布（Columbus，噸位二四八〇噸）及另一艘船艦進入浦賀港，貝特爾提出與七年後培理同樣的開國、通商要求，遭到浦賀奉行的拒絕。貝特爾對於是否以武力為後盾強行進入浦賀灣顯得有所躊躇，因而錯失讓日本提前開國的時機，也把留名歷史的機會讓給七年後的培理。

培理前後兩次來日，嘉永六年六月三日是為遞交美國大總統的國書，滯留日本外海不到十日；嘉永七年一月十六日這次與幕府纏鬥近二個月，簽訂《日美和親條約》及《下田條約》後於六月一日離去，詳細經過筆者已在第二部第一、二章提及，便不再贅述。

嘉永七年六月一日（格列高里曆6月25日）培理離開日本，返國後因健康問題卸下東印度艦隊司令的職務，埋首於將兩次前往日本的各種紀錄整理成著作，此即《日本遠征記》（*Narrative of the Expedition of an American Squadron to the China Seas and Japan*）。1858年3月4日，培理因過度酗酒、痛風、風濕等症狀病逝於紐約，享壽六十三歲。

雖然培理以武力迫使日本開國，日本人對培理仍抱持高度敬意，稱他為「我們開國的恩人」。除在登陸地立下「北米合眾國水師提督伯里上陸紀念碑」外，在北海道函館市、東京都港區以及靜岡縣下田市都立有培理全身或半身銅像以表懷念。

3 哈里斯（Townsend Harris，1804～1878）

1804年，哈里斯生於紐約州華盛頓郡的一個小鎮，由於家中兄弟姊妹眾多，哈里斯中學畢業後留在經營陶瓷業的父兄身邊幫忙，閒暇之餘自學法文、義大利文及西班牙文。同時也熱衷消防、醫療、教育等社會事業，哈里斯多年的努力使他於1846年被任命為紐約市教育局長。

1848年，哈里斯辭去教育局長一職前往加州，取得舊金山貿易船的貿易權，自舊金山灣內的舊金山市遠眺太平洋，哈里斯內心不禁燃起海外貿易的野心。之後哈里斯勤於研讀太平洋西岸國家的資料，他希望能與清國、日本、菲律賓等國家進行海外貿易。

1854年3月，哈里斯被任命為寧波領事，開啟他的外交官生涯，哈里斯雖人在清國卻高度關注正在日本交涉的《日美和親條約》。哈里斯對於《日美和親條約》沒有任何一條條文提及通商貿易一事感到不滿，整個條約看完後他被條文第十一條的內容「兩國政府簽字後十八個月，若任何一國認為有必要，合眾國官吏得派駐下田」所吸引，認為自己是最適合派駐下田的合眾國官吏，他便向同屬民主黨的第十四任總統富蘭克林．皮爾斯毛遂自薦，爭取擔任首任駐日總領事的職務。

1855年，哈里斯心願得以實現，皮爾斯總統任命他為首任駐日總領事兼條約改訂全權委員，哈里斯於安政三（一八五六）年七月廿一日在伊豆半島踏上日本領土，從這一刻起，他除了是西方國家首位駐日總領事外，還肩負與日本訂定修好通商條約的使命。哈里斯最初在這一完全陌生的國土上遭到不友善對待的情形，筆者已在第二部第三、四章中提及，哈里斯以其堅毅的性格及時局的眷顧（英法聯軍有可能在清國挾勝利之威趁勢進入日本的傳聞），加上透過通譯休斯肯表現出的淵博知識，讓幕府相信哈里斯對日本是友善的，進而改變對他的蔑視態度，哈里斯終於安政五年十月廿一日進入江戶城謁見第十三代將軍德川家定。

哈里斯的另一訂定修好通商條約的使命則在安政五年六月簽字，原本的駐日領事館在翌年升等為駐日公使館，哈里斯也從駐日總領事改稱為駐日特派全權美國公使，而在下田的駐日領事館也因距離江戶過遠，於安政六年六月八日遷徙至元麻布善福寺（東京都港區元麻布一丁目）。

哈里斯不以此為滿足，繼續朝江戶開市的目標努力，因此招致攘夷志士的殺機。萬延元（一八六〇）年十二月四日，代替臥病的哈里斯與各國使節交涉的通譯休斯肯在返回善福寺駐日公使館途中，於赤羽接遇所（東京都港區東麻布）遭薩摩藩的攘夷志士伊牟田尚平等人行刺，傷重隔日去世，得年廿八歲。

簽訂《日美修好通商條約》前後，據哈里斯的日記記載身體狀況不佳，雖有日本女性唐人阿吉（後文將會介紹）照顧，但是並無多大改善，休斯肯遭刺帶給哈里斯極大的打擊，讓他萌生辭職返回美國的念頭。儘管江戶開市的目標尚未完成，但哈里斯已完成外交使節進駐江戶及簽訂修好通商條約的來日兩大使命，外交使節也從駐日總領事升格為駐日特派全權公使，並且還率先謁見將軍，哈里斯自認已圓滿完成使命。

文久二年四月，哈里斯啟程返回美國。1878年2月25日在佛羅里達州去世，享壽七十四歲。

4 阿禮國（Rutherford Alcock，1809～1897）

1809年，阿禮國生於倫敦西郊的一個醫生家庭，雙親期待阿禮國將來能繼承衣缽，因此阿禮國在父親的安排下自十五歲開始學習外科。1832年起阿禮國成為英軍軍醫，在伊比利半島度過四個年頭，四年期滿歸國後不久，再度前往伊比利半島處理外交問題。期間阿禮國在伊比利半島罹患類風濕性關節炎留下雙手拇指屈曲的後遺症，不得不放棄成為外科醫生的心願。

1844年被任命為福州領事，廈門也在他的管轄範圍內，因為兩地都是《南京條約》規定的開放港口(五口通商)。在清國將近十五年的時間，阿禮國歷任上海、廣州等地的領事。

安政五年七月十八日締結的《日英修好通商條約》規定從翌年六月二日（格列高里曆1859年7月1日）對英國開放長崎、神奈川、箱館三港，阿禮國在條約正式生效前的3月1日被任命為英國首任駐日總領事。五月廿六日（格列高里曆6月26日）阿禮國在品川港登陸，六月十二日登江戶城與老中交換條約的批准書。

由於距離近，因此自安政六年六月二日阿禮國上任以來，皆以高輪東禪寺為英國駐日領事館（同年十一月三十日阿禮國升格為特命全權公使，駐日領事館也改名駐日公使館），萬延元年十二月四日發生休斯肯遇刺事件，阿禮國認為無法維護各國外交使節人身安全的幕府過於無能，提議將駐日各國公使館總領事撤出江戶，遷至外國人較多的橫濱。阿禮國的提議遭到哈里斯的反對，阿禮國最終只說服首任法國駐日全權公使德貝勒顧（Gustave Duchesne de Bellecourt）一同遷往橫濱。

但是公使館並未立即遷往橫濱，不久發生水戶藩脫藩浪士襲擊阿禮國的東禪寺事件（請見第二部第八章）。阿禮國雖未受傷，但藉此事件要求幕府承認此後英國海軍有駐紮公使館的權力、幕府方面應加強派駐保護公使館的警備兵力，以及支付英國一萬英鎊的賠償。

文久二年二月，阿禮國為5月在倫敦舉行萬國博覽會告假返回英國，由當時英國駐清公使館書記官尼爾擔任代理公使，於四月底赴任。尼爾代理公使期間英國與日本之間發生第二次東禪寺事件、生麥事件等攘夷相關事件，由於軍人出身的尼爾代理公使態度強硬，最終引起薩英戰爭。

元治元年春，阿禮國假期已屆返回日本，同年八月末得內閣同意逕自參與四國聯合艦隊砲擊下關的行動而遭外相召回。隔年阿禮國轉任駐清公使，在當時駐清公使是英國在亞洲的駐外使節中地位最高的，由此看來前一年阿禮國被召回一事並非為了懲罰他獨斷的外交行動。

1869年阿禮國從外交官的工作引退，頤養天年，1897年病逝倫敦，享壽八十八歲。

5 巴夏禮（Harry Smith Parkes，1828～1885）

1828年，巴夏禮出生於英格蘭中部西密德蘭郡（West Midlands）的一個鐵工廠家庭，幼年時父母相繼亡故，與兩個姊姊一同由叔父領養。巴夏禮十三歲前往澳門學習中文，十六歲被錄用為廈門領事館通譯，此時的廈門領事是日後首任駐日總領事阿禮國，到慶應元

（一八六五）年為止歷任廈門、廣州、上海三地領事。因為長時間與清國南方官員接觸，清國官方文書中以「巴夏禮」之名稱之，因此筆者在本書中不採用音譯帕克斯，而以中文間流通的巴夏禮作為譯名，同理，前文的阿禮國亦是如此。

阿禮國因四國聯合艦隊砲擊下關的行動而去職，巴夏禮從上海領事扶正為繼任的駐日全權公使。在當時英國首屈一指的日本通薩道義協助下，巴夏禮針對《安政五國條約》中貿易章程的改稅協議，偕同美、法、荷三國公使與幕府進行協商。立場應該一致的四國公使卻出現法國公使侯許（後文將會介紹）不同調的情形，而之後的兵庫開港要求事件時，巴夏禮與侯許又出現利益上的衝突。

巴夏禮剛上任先是和長州要員高杉晉作、伊藤博文商談進行四國聯合艦隊砲擊下關的善後，之後也曾親赴薩摩與島津久光・忠義父子、西鄉吉之助等人會談。藉由慶應二年這幾次的會談，巴夏禮認為與其協助猶豫懦弱的幕府，倒不如協助朝氣蓬勃的薩長二藩，既能對抗幕府，也能抗衡在背後協助幕府的法國。於是確立親近薩長的方針，對往後的德川慶喜處分及江戶無血開城造成一定程度的影響。

身為現代人的我們可以毫不猶豫地做出親近薩長的抉擇，是因為歷史已經證明這是個正確的決定。而巴夏禮在一百五十多年前是以英國在日本的利益為賭注做下決策，不容許任何閃失。在四境戰爭尚未開打前巴夏禮即能下定決心親近薩長，不能不說巴夏禮的確有其獨到的眼光，也足以說明巴夏禮在英國近代外交史上何以有比阿禮國更崇高的歷史地位。

巴夏禮雖然採取親近薩長的策略，他本人對薩長要員幾乎是不假辭色，司馬遼太郎曾經寫道：

「在面對東洋人時，不必對他們講理，先以大聲咆哮、鞭子、大砲等恫嚇他們再說。」他深信這個道理。事實上，他在中國用這個方法是成功的。在他派駐廣東的那一段時間裡，在鴉片戰爭中展現出的八面玲瓏可是人人皆知的事實。之後，從上海派駐領事光榮轉任日本派駐公使。在他到任之初，對待日本人就像是應付野蠻人一樣。

由於巴夏禮是英國史上任期最長的駐日公使，上述部分幕府官員及薩長要員進入明治時代後直接轉化為新政府官員，他們在幕末飽受巴夏禮暴躁的脾氣，進入明治時代巴夏禮依舊是他們的夢靨。

巴夏禮雖能在幕府官員及薩長要員前頤指氣使，但面對攘夷志士可就沒輒了。慶應四年二月，剛於鳥羽．伏見之戰獲勝的官軍正準備兵分三路東下直取江戶，官軍進展神速的原因之一在於外國對明治政府的承認——尤其是列強中最具分量的英國，因此年僅十七歲的祐宮睦仁親王在岩倉等人的建議下，決定召見各國公使。不久也決定各國公使在京都下榻的地點，英國公使巴夏禮的下榻地是位在東山的知恩院（京都市東山區林下町），以攘夷志士自許的朱雀操、三枝蓊決定行刺他。

二月三十日當天，知恩院到御所的路上到處都是人潮，為保護公使及外交人員的生命安全，新政府派出紀伊、薩摩、土佐、熊本等藩藩兵沿途保護。當巴夏禮走出橋本町所在的新橋通、欲右轉大和大路通進入弁財天町時，朱雀操和三枝蓊突然殺出。

但是說也奇怪，兩人並不對巴夏禮下手，而是朝最前頭身著紅色制服的騎兵下手。原來他們誤以為身著紅色制服的是英國一行中的顯貴人物，但其實只是前導的騎兵，真正顯貴的巴夏禮當天穿著不起眼的黑色禮服隱身在隊伍後段，自始至終都沒有成為狙擊的對象。朱雀操、三枝蓊二人力戰多名英國騎兵，最終朱雀操被後藤象二郎指揮的土佐藩兵砍死，刀刃斷裂的三枝蓊力竭被捕，三月四日於粟田口刑場（京都市山科區廚子奧花鳥町）斬首，與朱雀操一起梟首示眾三日。朱雀操和三枝蓊因此事件惹怒維新政府，下令褫奪他們的士籍，記載幕末志士殉難的《殉難錄稿》沒有他們的名字，也被排除在靖國神社之外。

明治十六（一八八三）年七月，擔任公使長達十八年的巴夏禮轉任駐清公使，一度還曾兼任駐韓公使。1885年3月22日在駐清公使任期內病逝北京，享年五十七歲。

6 哥拉巴（Thomas Blake Glover，1838～1911）

1838年，哥拉巴出生於蘇格蘭東北部亞伯丁郡（Aberdeenshire）的一個海岸警備隊家庭，中學畢業後離開英國、前往上海進入怡和洋行（Jardine Matheson）工作，1861年來到長崎與格魯姆（Arthur Hesketh Groom）一同成立作為怡和洋行長崎分行的哥拉巴商會。

大河劇《龍馬傳》中有一幕是近藤長次郎和澤村惣之丞（實際上應該只有長次郎）在一棟西洋建築裡為長州代表井上聞多、伊藤俊輔和洋人斡旋，以求販售武器給長州，那一幕出現的外國人即是哥拉巴，該西洋建築即是現今位於長崎市南山手町的「哥拉巴園」，於二〇一五年以「明治日本的產業革命遺產：製鐵．製鋼、造船、石炭產業」列入世界文化遺產。

哥拉巴商會並非以販售武器為本業，而是與位在清國的怡和洋行一樣，進行生絲和茶葉的買賣，隨著文久．元治年間政情不穩，哥拉巴商會才開始販賣武器。光是《龍馬傳》的那一幕，哥拉巴商會出售一艘軍艦（聯合號）、四千三百挺米尼葉槍及一千挺坎貝爾槍使獲利十三萬餘兩，幾乎是薩摩藩全藩近九個月的收入。除早期經營生絲、茶葉以及之後販售武器外，哥拉巴商會也曾協助五代才助、松木弘安、森金之丞（維新回天後改名有禮）、吉田巳之次（維新回天後改名清成）、鮫島誠藏（維新回天後改名尚信）等一五名薩摩藩士前往英國留學。

哥拉巴商會在維新回天前後業務達到鼎盛，與佐賀藩簽約著手開發高島炭坑，然而終因無法收回幕末時期借款給諸藩的資金，導致商會在明治三年破產。破產的哥拉巴一如《龍馬傳》第四季片頭所述，為郵便汽船三菱會社社長岩崎彌太郎收留，彌太郎從政府手中購入高島炭坑後委任哥拉巴經營，成為三菱財團早期的金雞母。

哥拉巴自安政年間來日、成立哥拉巴商會後幾乎在日本定居下來，維新回天後和因與前夫離異而成為藝妓的阿鶴共結連理，當時外國人娶日本女性為妻是極為稀有的特例。

岩崎彌太郎去世後，第二代三菱財團總帥岩崎彌之助聘用哥拉巴為顧問，直到退休。明治四十四（一九一一）年哥拉巴在東京去世，享壽七十三歲。

7 薩道義（Ernest Mason Satow，1843～1929）

1843年6月30日，薩道義生於倫敦，父親是德國人，母親是道地的英格蘭人。1861年薩道義畢業於倫敦大學學院後，旋即考上外務省通譯生，被派駐到北京學習中文。文久二年八月十五日，十九歲的薩道義作為英國駐日公使館的通譯生抵達橫濱，此時英國的駐日公使為尼爾代理公使，英國公使館正從高輪東禪寺遷往品川御殿山，薩道義在日本以通譯生（之後為通譯官）的身分迎來他人生最精采的歲月。

儘管薩道義日後是歐洲少有的日本通，然而此時的他半句日文也不會，為盡到自己的職責，薩道義日日向住在橫濱的傳教士、蘭學者學習日文，薩道義的勤勉及語言天分讓他在不到一年後的薩英戰爭中，正式以日語通譯生的身分登上歷史舞台。

薩道義在元治元年八月四國聯合艦隊砲擊下關之後的講和中充分扮演了通譯的角色，和長州的伊藤俊輔合力讓事件以和局收場，此事件奠定他和伊藤的友誼，薩道義更因此時立下的功勞於慶應元年四月升格為通譯官。

薩道義與當時薩長主要的志士幾乎都認識，也包括土佐的後藤象二郎，不過似乎不曾見過龍馬。薩道義見過的日本人中，給予最高評價的是薩摩的西鄉吉之助。慶應元年—一月，英、法、美、荷四國公使（美國為代理公使）一道前往兵庫逼迫幕府，表示若不對兵庫開港做出承諾，四國公使便將上洛前往御所直接與天皇交涉。據說擔任此次通譯的薩道義在大坂下船時，薩摩藩船的「蝴蝶丸」正好也剛進港，薩摩藩士從船上陸續下船。這時有位薩道義認識的薩摩藩士對他說道：

「西鄉吉之助也在船上。」

薩道義早已聽聞西鄉大名，但苦無見面的機會，於是他向認識的薩摩藩士詢問西鄉是哪一位，薩摩人說道：

「那位走在前頭衣著光鮮、個頭魁梧的漢子就是西鄉。」

薩道義順著薩摩人手指的方向看過去，觀察一陣子後說道：

「在我看來西鄉除了衣著光鮮外並沒有特別突出之處，倒是他旁邊那位穿著樸實的胖子，神采奕奕，目光銳利，是個不容小覷的人物。」

薩摩人大吃一驚，對薩道義說道：

「剛剛是騙你的，其實你關注的那位穿著質樸的胖子才是真正的西鄉。」

薩道義識人的眼光由此可見。

慶應三年底薩道義晉升為通譯的最高階書記官一職，鳥羽．伏見之戰結束後英國是最早承認新政府的歐美列強。正因為有英國的帶頭，其他歐美國家才紛紛跟進，對於以天皇為中心的新日本之國際地位有著難以評估的助益，薩道義應該是極大的幕後功臣，在鳥羽．伏見之戰結束後跟隨巴夏禮謁見祐宮（即前述巴夏禮下榻東山知恩院）。

戊辰戰爭末期，為確定俄國是否會趁著日本內戰出兵蝦夷地，薩道義奉命視察北越（新潟縣北部）、奧羽、蝦夷地及千島。戊辰戰爭結束後，薩道義與巴夏禮一起到新首都東京再次謁見即位後的明治天皇。之後薩道義二度獲准休假返回英國，第三次回到日本已是明治十年一月，此時薩摩叛亂的跡象已十分明顯，薩道義奉巴夏禮之命打算以故交之誼勸西鄉打消叛意。薩道義雖如願見到西鄉，但是西南戰爭已如箭在弦上，開戰與否已非西鄉能憑個人意志決定之事。

明治十三年，薩道義在第三次休假期滿後被派往暹羅擔任代理領事，之後歷任烏拉圭、摩洛哥領事、駐日特命全權公使以及駐清公使。1906年結束所有駐外使節的工作回到英國，被授予爵士位階，並擔任樞密院顧問官，1929年8月26日病逝，享壽八十六歲。

除漢名薩道義外，尚有佐藤愛之助這個日文名，筆者在本書之所以採用前者是因為在中文世界裡大多以前者稱之。薩道義在戶籍上雖終身未娶，實際上曾與一位小他十歲、名為武田兼的女子有夫婦之實，武田兼為薩道義生下三男。薩道義在日期間盡到父親的責任，但在職期屆滿返回英國時，薩道義選擇將母子留在日本，也許對薩道義而言這才是最好的決定。

薩道義的著作相當多，最有名的當數派駐暹羅代理領事期間（1885～87）撰述的回憶錄《明治維新親歷記》（*A Diplomat in Japan*）。一般回憶錄常會因作者撰筆時距離事件發生年代久遠，導致記憶模糊或錯誤的缺點，或是作者為求取歷史定位而刻意避重就輕、指鹿為馬的毛病。而《明治維新親歷記》大致上沒有上述兩種常見的弊病，可說是本非常嚴謹

的回憶錄。另外，已故的日本史學家萩原延壽參照薩道義的日記寫出多達十四卷的傳記《遠崖——薩道義日記抄》（遠い崖—アーネスト・サトウ日記抄），該書亦是了解幕末維新時期的輔助史料。

8 侯許（Michel Jules Marie Leon Roches，1809～1901）

1809年9月27日，侯許生於法國東南方一個名為格勒諾勃（Grenoble）的小鎮。1828年進入格勒諾勃大學，但旋即休學加入阿爾及利亞遠征軍，之後到1860年左右，侯許都投身在阿爾及利亞和伊斯蘭世界之中。

待在伊斯蘭世界超過三十年的侯許說得一口流利的阿拉伯語，照理擔任伊斯蘭國家的駐外使節應不是問題，侯許卻於1864年4月27日成為法國第二任駐日公使。

侯許上任後面臨的難題有二：一是幾乎完全不懂日語的他必須要有位可以幫他傳達意思的通譯；二是解決前一年法國與美、荷船艦在下關遭到長州砲擊的善後處理。關於第一點，侯許重新任用前任因故離去的公使德貝勒顧之通譯梅赫美．卡雄神父（Eugene Emmanuel Mermet Cachon）；關於第二點，四國公使（再加上英國）經多討論後決定聯名向幕府提出下關海峽中立化的構想。

這一事件最後不得不以武力解決，筆者已在第二部第十二章介紹過，便不再贅述。

侯許擔任公使期間，英國公使為阿禮國和巴夏禮，在阿禮國公使期間，侯許大抵還能延續前任德貝勒顧公使與英國協調的方針。但是後任的巴夏禮公使個性暴躁，屢屢被激怒的侯許改變以往的協調方針，巴夏禮支持薩長，而為與巴夏禮競爭對抗，侯許選擇支持幕府，倒幕．佐幕間的抗爭與英法的對立逐漸因為目標、利益一致而重疊為一。

慶應年間幕府推動的慶應改革尤其可看出英法暗中較量，如橫須賀製鐵所（明治時代橫須賀造船廠前身）、橫濱法語傳習所等機構的成立，均是法國對幕府有形的資助。另外還有軍事顧問團的招聘，法國派出傲人的步、騎、砲等近代陸軍兵種共十八名教官組成的軍事顧問團前往日本，到慶應三年底共訓練出步兵七個連隊、騎兵一隊、砲兵四隊共一萬餘人的近代陸軍。可惜這些近代陸軍並未派到最前線參與鳥羽．伏見之戰，當幕府因一連串的敗戰士氣跌到谷底，即便再把這批近代陸軍推到前線也無法挽回頹勢。

幕府於鳥羽．伏見之戰敗戰，導致侯許遭到孤立，侯許登城謁見敗退返回的慶喜，勉勵他復出再戰而被慶喜堅拒。之後法國也感到幕府大勢已去，調整外交政策支持薩長，侯許因此遭到罷黜返回法國。回到法國後從外交界引退，1901年於波爾多(Bordeaux)去世，享壽九十二歲。

二、幕末日本女性

自古以來的歷史幾乎無一例外皆以男性為主，能登上歷史舞台的女性實屬鳳毛麟角，幾乎要成為執政者的女人或是以母以子貴的身分才有可能被記入歷史。筆者從下篇起將以女性為主要論述對象，這些女性能在歷史佔有一席之地固然與男性有關，但是並不完全都是男性的附屬品，大多數也不是因為母以子貴。比起明治中期以後女性的地位再度淪落為江戶時代的男性附屬品，此時期的女性頗有主見，雖仍是為男性而活，但也為自己而活。

1 齋藤吉

前文提到哈里斯時曾言及一位日本女性唐人阿吉，阿吉和哈里斯的關係一直以來都為人們好奇，他們到底是伴侶關係？或只是純粹性關係？又或者還有其他關係？

齋藤吉於天保十二（一八四一）年出生在尾張國知多郡的一個船大工（造船工人）家庭，四歲以後移居下田，之後成為別人家養女、學習三味線，十四歲離開養父家以阿吉之名投入藝妓之列，憑著出眾的容貌及一手好琴藝，很快地成為下田首屈一指的藝妓。

安政三年，哈里斯以美國駐日總領事身分前來下田，這年齋藤吉十六歲。當哈里斯正為身負的兩大使命——外交使節進駐江戶及簽訂修好通商條約，而與井上信濃守清直、中村出羽守時萬兩位下田奉行交涉時，他的身體健康似乎出現狀況，據說到吐血的程度。通說是壓力造成的腸胃惡化，不過也有可能是飲食習慣的不同使得某些營養攝取不足，導致身體出狀況。

由於哈里斯肩負兩大使命、不能在此時倒下，於是透過休斯肯向下田奉行要求派遣護理人員來看護。當時日本並沒有護理人員這種職業，對於看護的工作內容也完全不了解，不過，當下田奉行得知玉泉寺美國駐日領事館沒有一位女性，他們似乎了解休斯肯「派遣護理人員來看護」的真意，於是下田首屈一指的藝妓阿吉便成為下田奉行送去看護哈里斯的首選。

哈里斯看到奉行所送來如此年輕的女性，應該會質疑這樣的人是否有足夠的醫藥知識可勝任護理人員，而且藝妓出身的阿吉恐怕連照顧哈里斯生活起居都有問題。同一時間奉行所也為休斯肯送來一名名為阿福的女孩，根據下田市政府收藏的《幕末開港關係文書》記載，阿吉於安政四(一八五七)年五月廿二日來到玉泉寺，阿福則是稍遲數日的五月廿七日，當時哈里斯五十三歲，阿吉十七歲，休斯肯廿五歲，阿福十五歲。由記載來看應該是休斯肯想找日本女性陪睡，而藉哈里斯需要護理人員照護為由，滿足自己的私心。

《幕末開港關係文書》的記載不只如此，對阿福的記載非常深入，阿福身體微恙前去看診，甚至連診斷書中阿福已有二個月中止月事的內容，都透過下田町名主向奉行所報告。阿福月事沒來是因為懷有身孕，懷的是誰的身孕呢？休斯肯應該是比哈里斯更為合理的解答。不過，《幕末開港關係文書》對阿吉的記載幾乎是空白，不清楚她和哈里斯之間是否有肉體關係，幾乎可以確定的是阿吉在玉泉寺期間沒有懷孕。阿吉空有美貌卻無照護病人的相關知識與經驗，無法照料有病在身的哈里斯，應該無法長久留在哈里斯身邊。

懷孕的阿福在之後的《幕末開港關係文書》並沒有生產的記載，反而記載了月事來臨的內容，阿福很有可能後來服下墮胎藥（不管是自願或非自願），如果阿福生下具美國血統的孩子，當時幕府應該會感到無比的困擾吧！

在阿吉和阿福之後，下田奉行所又安排名為阿夜和阿蔓的年輕女性到哈里斯和休斯肯的身邊。陪伴哈里斯的阿夜很快又被送回，而阿蔓似乎取代阿福留在休斯肯的身邊，從阿福到阿蔓讀者應該不難想像誰才是需要日本女性的陪伴。

但問題也出在這裡，從阿吉、阿福到阿夜、阿蔓，被送進玉泉寺的日本女性至少有四人，何以只有阿吉留名後世？又何以只有阿吉被冠上唐人？在回答這一問題之前先解釋唐人一詞蘊含的意義為何。

唐人一詞最初是指來自唐土之人，亦即是漢人，平安時代中末期以後範圍擴及至朝鮮人。安土．桃山時代以來泛指所有異國人。平安時代唐人一詞（不管指漢人或朝鮮人）都還帶有敬意，安土．桃山時代——特別是江戶時代——唐人已帶有鄙夷、蔑視的意味。

《幕末開港關係文書》還記載當時下田奉行所一個月給阿吉十兩薪資的收據，以阿吉是下田首屈一指的藝妓而言，應該值得一個月支付十兩，這張收據或許無法證明哈里斯和阿吉之間有無肉體關係，但是可以證明哈里斯和阿吉之間應該說不上其他關係。

還原史實後不難看出哈里斯和阿吉之間應該沒有男女之情，至少比阿福和阿蔓來得清白，那麼為何是阿吉被冠上「唐人阿吉」的稱號呢？因為阿吉曾經服侍過哈里斯，且月薪有十兩之多，在這種情形下要當時的人不聯想為阿吉向哈里斯出賣自己肉體恐怕也很難吧！

在攘夷氛圍熾盛的當時，竟有一女子為賺錢自甘墮落向蠻夷出賣肉體，這樣的女子要不被妖魔化為惡女恐怕是不太可能。在幕末時期阿吉已被醜化為淫婦、蕩婦，進入明治時代阿吉更成為近世・近代惡女的代表人物。然而真實的阿吉又是如何呢？由於已被貼上標籤，阿吉再也無法在下田生活，也很難有正常的婚姻生活，於是遷居到橫濱，在那裡遇到昔日舊識過著同居的生活。然而舊識承受不了人言可畏，不久與之離異，阿吉只得再回到下田，之後經營數種生意似乎都無法擺脫向蠻夷出賣肉體的罵名。阿吉日益沉湎於酒精的慰藉中，明治廿三（一八九〇）年投河自盡結束其悲慘的一生。

2 本壽院

十二代將軍德川家慶的側室，是旗本跡部正寧之女，本名為美津。文政五（一八二二）年為見習行儀而進入大奧，被任命為御中臈[4]，這年只有十六歲。兩年後美津生下一男，幼名政之助，元服後改名家祥，即日後的第十三代將軍家定。

大奧雖不像中國皇帝後宮有三千佳麗，但也是競爭者眾，美津能在進入大奧不過兩年便生下一子，固然與肚皮爭氣有關。然而不能忽略的是她旗本之女的身分，因為家格之故

4 御中臈：大奧中次於御台所、上臈御年寄、御年寄，職責為照料將軍及御台所的的隨侍女官。

讓她一進大奧便被任命為能經常與將軍接觸的御中臈，應該同是關鍵的原因。

歷代德川將軍中只有初代家康、三代家光以及十五代慶喜出自正室，其餘均出自側室。從三代將軍家光起，御台所被限定只能來自四世襲親王家或攝家——皇族或公卿——的女性成員，當然也有例外，例如第十四代將軍的御台所來自皇室，十一代和十三代則是來自外樣大名島津家。

但皇族或公卿的女性成員可能過於嬌生慣養，難以適應武家的生活，有的御台所無法生育如三代、四代、五代、八代、十三代、十四代、十五代御台所都缺乏生育能力；六代、九代、十代、十一代、十二代御台所雖產下孩子，卻均在數年內夭折。

美津生下政之助後大奧立即找來一位專門為政之助哺乳的奶媽歌橋，歌橋是大奧除御台所外位階最高的上臈御年寄。在她的悉心照料下，政之助成為家慶唯一活到成年的子女，也理所當然地成為將軍繼承人。後來政之助元服改名家祥，成為將軍後再從家祥改名家定，對歌橋的信任一如往昔，甚至超越生母。

嘉永六(一八五三)年六月廿二日家慶去世，美津立即落飾，院號本壽院，移居本丸大奧。本壽院與家定乳母上臈御年寄歌橋、御年寄瀧山三人共同掌管大奧，之後家定在將軍繼嗣問題傾向德川慶福，很大原因在於這二位女性都支持德川慶福之故。

在大河劇《篤姬》裡本壽院給人毫無主見、遇事只會酗酒逃避的形象。不過事實上篤姬能夠統領大奧，很大的原因在於本壽院對篤姬的尊重與信任，如果本壽院以御台所婆婆的身分和篤姬對抗，大奧恐怕會陷入分裂。

江戶無血開城後，本壽院離開大奧，與天璋院一起遷移至一橋宅邸，之後再與天璋院、實成院（家茂生母）輾轉遷移各地。明治十六年天璋院因腦溢血去世，兩年後本壽院因腸胃炎去世。

3 天璋院篤姬

天保六（一八三五）年，日後的第十三代將軍御台所天璋院篤姬生於薩摩藩島津氏四大分家之一今和泉家，是該家家主島津忠剛與正室阿幸的長女。篤姬幼名於一，嘉永六年為本家當主齊彬收為養女，改名篤子。齊彬年紀雖大篤子廿六歲，不過篤子生父忠剛與齊彬生父齊興是同父異母兄弟，因此在輩分上齊彬與篤子是堂兄妹。

依齊彬在篤子進江戶城前一夜的坦誠相告，篤子進入大奧後的任務為安定家定的情緒、左右家定選擇一橋慶喜為第十四代將軍，而不是為家定生下繼承人。從以上敘述觀之，齊彬在黑船到來的那年已有擁立一橋慶喜為繼任將軍的想法，可見齊彬最遲在這年已經知道家定無法生育，將篤子送入大奧恐怕也難以改變現實。既然如此，為何還執意讓篤子進入大奧？篤子進入大奧的用意在於代替齊彬貫徹一橋慶喜為將軍繼承人的意志，說白一點，篤子是齊彬布局在大奧的棋子。

齊彬在篤子身上挹注大筆金錢，仿效曾祖父重豪將女兒茂姬送入大奧的過程，其中的關鍵在於讓茂姬成為近衛家養女，以近衛寔子之名進入江戶城。齊彬也向近衛家疏通，讓篤子成為右大臣近衛忠熙養女近衛敬子之名進入江戶城。家定前兩位御簾中名為鷹司任子、一條秀子，都是出自攝家，與近衛家皆為遠親，既然鷹司、一條之女能進江戶城，攝家筆頭近衛家養女斷無進不了江戶城之理。

為不讓篤子在大奧孤立無援，齊彬將一路教育篤子如何成為御台所的近衛家上臈幾島，以伴隨篤子名義送入大奧成為御年寄，有她成為篤子的後盾，便能堅定篤子心志以完成齊彬的託付。大奧有左右將軍人選的權力，她們厭惡水戶藩老公德川齊昭，也連帶厭惡以賢明著稱的齊昭七男一橋刑部卿慶喜。

大奧為何厭惡齊昭呢？

筆者在第一部第二章水戶藩提到水戶藩第八代藩主德川齊脩去世後因為沒有繼承人，改由異母弟紀較繼承，此即第九代藩主齊昭。名義上齊昭養父是八代藩主齊脩，齊脩的正室峰姫（家齊七女、家慶異母妹）則為齊昭養母。齊昭成為藩主後不久傳出似乎與名義上的養母（與齊昭同年）有曖昧關係，不過這點止於謠傳的程度而未進一步得到證實。

之後齊昭又看上伴隨峰姫嫁入水戶家的上臈唐橋（前大奧女中），以及出身有栖川宮的兒媳婦——長男慶篤的正室——幟子女王（帥宮熾仁親王異母妹），對這兩女多次表現出露骨染指的意圖，幟子女王之後於安政二（一八五六）年突然去世，據說真正死因是難以忍受齊昭的騷擾而自盡。

齊昭騷擾唐橋的消息傳到大奧，整個大奧團結起來、一致排斥齊昭，處在這種氛圍下的篤子很難不受到影響，即便她身旁有一橋派的幾島。篤子雖是家定的御台所，但她無法經常與身體狀況不佳且又資質凡庸的家定獨處，幾乎沒有一般夫婦間的談心。連要「安定將軍的心思」都很難做到，遑論「讓一橋公成為將軍繼承人」。最終在沒能影響家定的決定下，家定立輩分上為自己堂弟的德川慶福為十四代將軍繼承人。

篤子成為御台所的使命終歸於失敗，但是在家定決定繼任將軍人選之前的安政四年九月，篤子在江戶城內吹上舉行觀菊會，當日將邀請三家三卿到場觀菊，這是一個可以同時觀察慶喜和慶福的機會。在篤子看來，慶喜過於言行不一、畏縮推託，並不是在非常時期接掌大任的適合人選。相較於慶喜的陰鬱、支吾，十二歲的慶福則表現得開朗有禮，原本欣賞他的大奧眾人自不用說，連初次見面的篤子也對慶福讚賞不已，也因此篤子對於身為御台所的使命產生質疑：

「父親為何認為刑部卿是適當的將軍繼承人選？」

篤子無法解開她的質疑，因為她無法離開大奧，即便能離開也得不到答案，因為齊彬在安政五年七月十六日病逝，家定也在同年同月六日病逝。篤子一下失去生命中兩位重要的男性（生父島津忠剛也於安政元年二月病逝），讓她成為再也沒有可以依靠的人，而且還必須成為整個大奧的依靠，此時的篤子才二十三、四歲。從嫁入江戶到失去丈夫，篤子的婚姻只維持將近一年七個月，別說肌膚之親，就連同床共寢的次數一隻手便能數完。

九月篤子落飾，院號定為天璋院，同日進行落髮及供奉經文儀式。八月十八日家定的葬禮儀式全部結束後，幾島向天璋院提出辭退大奧奉公，即便幾島不明說原因天璋院也知道幾島離去的真正原因。

「有負順聖院殿（齊彬的戒名）的託付讓刑部卿成為將軍繼承人，幾島無顏面對已故的主公，也沒臉繼續待在天璋院身邊，請准許老身離去吧！」

一橋慶喜無法成為第十四代將軍應該歸咎於天璋院嗎？此乃非戰之罪，立慶福為繼任將軍是家定個人的意志，既然將軍已經表態，他的決定不容變更，已嫁入德川家的御台所也只能遵從。但是對幾島而言，儘管齊彬已不在人世，近衛家和島津家依舊是主家，和篤子所認同的目標逐漸出現裂痕，既然道不同，不如趁早分道揚鑣。

不久發生安政大獄，天璋院的養父近衛左大臣忠熙及在婚禮上擔任天璋院母親角色的近衛家老女村岡也在懲處名單當中，近衛左大臣可能會受到謹慎處分，尋常武士家庭出身的村岡則難免監禁的處分。近衛左大臣和村岡是天璋院與幾島共同的熟識之人，因此天璋院以解救近衛左大臣為由勸說幾島，終於讓幾島點頭暫時留下。

天璋院和幾島試圖以大奧的力量解救近衛左大臣和村岡，卻遭貫徹一己意志的井伊大老以「大奧不得干涉表的政務」為由堅拒。安政大獄的審訊歷時約半年，最後分別於八月廿七日、十月七日、十月廿七日三次宣判結果，近衛左大臣果真被處以謹慎、落飾。村岡是被懲處者中唯一的女性，且又是超過七十歲的高齡者，仍被處以三十日監禁，幾島曾去探視村岡，兩人相擁對泣。

村岡服刑完畢獲釋大概在安政六年十月左右，幾島於同年十二月動身離開大奧，儘管天璋院慰留幾島留到十四代將軍家茂大婚後再離去，但幾島辭意甚堅，天璋院只得任幾島離去。此後瀧山、重野取代幾島成為天璋院的側近，但是似乎無法取代幾島、得到天璋院的信任。

安政五年十月廿五日，慶福正式成為第十四代征夷大將軍，改名家茂，轉任內大臣兼右近衛大將，同時取得源氏長者宣下。如此一來天璋院在名義上成為家茂的母親，儘管這對母子的年紀相差不到十一歲。新將軍的產生也使天璋院成為大御台所（前任將軍御台所的尊稱），並從原本居住的本丸遷移到歷代將軍隱居及將軍世子居住的西丸，將本丸留給新將軍及新御台所。

貫徹個人意志、強勢主導安政大獄的井伊大老在幾島離去後的來年三月三日，在前往江戶城途中於櫻田門外遭到十八名脫藩浪士襲擊而身首異處。收拾善後的安藤信正老中首座一改井伊大老的獨斷專行，尋求與朝廷的和解，而最好的和解方法是藉由婚姻關係締結為姻親，具體做法為由已元服的將軍迎娶天皇皇女，作為公武合體的基礎。

文久元（一八六一）年十月廿日，大皇皇妹和宮親子內親王的出嫁行列從桂御所出發，十一月十五日進入江戶城御三卿之一清水家的宅邸。文久二年二月十一日家茂與和宮進行大婚，天璋院在這一日升格為婆婆，然而與和宮之間緊張、對立的關係也在這一天種下（有關兩人的衝突留待和宮篇再做敘述）。

原本視天璋院為母親的家茂並不因為和宮降嫁而疏於對天璋院的問候，只要家茂在江戶城，天天從本丸來到西丸向在佛堂為溫恭院（家定的戒名）祈求冥福的天璋院請安。對未能生下子女的天璋院而言，勤於請安的家茂適時地填補了她內心的空虛，應該是天璋院喪夫、喪父及失去幾島後最幸福的日子。

可惜這段日子並沒有維持很久，家茂先後於文久三年二月、十二月及慶應元（一八六五）年五月三度上洛。隨著京都政局的吃緊，家茂滯留京都的時間也跟著拉長，首度上洛在京都滯留近三個半月，二度上洛在京都滯留五個月，家茂的三度上洛更是在四境戰爭前一年便已駐足京都，而這一次江戶城本丸再也沒能迎接主人返回……

自和宮降嫁後素來與之不睦的天璋院開始對和宮的遭遇感同身受，而不禁憐惜起和宮來。的確，在天璋院和和宮身上有不少共通點，天璋院是江戶時代唯二武家出身的御台所，而和宮則是唯一的皇室出身。兩人與十三、十四兩代將軍維持極為短暫的婚姻，天璋院與家定的婚姻只有一年七個月；和宮與家茂的婚姻雖然有四年五個月，但是扣除掉家茂三次上洛的時間，實際上只有二年半左右。天璋院在廿三歲落飾守寡，和宮則在廿一歲。

另外，兩人還有都未能為德川將軍家生下繼承人的共通點。

家茂去世後，儘管天璋院屬意田安家當主龜之助，然而年僅四歲的龜之助不可能直接指揮幕閣、幕臣及眾多旗本、御家人，也很難凝聚在四境戰爭中挫敗的士氣。因此天璋院與靜寬院宮(家茂去世後和宮的院號)不得不妥協於老中的提議，支持一橋慶喜成為繼任將軍的人選，但是對於慶喜的故作姿態(只同意繼承德川宗家而不願接任將軍)、不夠真誠備感厭惡，厭惡慶喜這點成為天璋院與靜寬院宮的又一共通點。

「父親大人到底是看上刑部卿的哪一點？還是說其實父親大人另有圖謀？」

這樣的質疑想必不只一次在天璋院的內心糾結。

天璋院對慶喜的厭惡從安政四年九月在江戶城內的觀菊會以來一直沒有改變過，鳥羽．伏見之戰後慶喜表面上要幕軍據守大坂城繼續與薩長軍作戰，但當夜卻不顧眾多將士安危，帶著松平容保．定敬兄弟拋棄大坂城搭乘軍艦連夜逃回江戶。天璋院聽到慶喜的使者傳回的快報，內心簡直氣炸了：

「這是身為征夷大將軍該有的作為嗎？」

她拒絕慶喜提出的會見要求。但是慶喜代表整個德川宗家，若不與身為宗家當主的慶喜見面，包含天璋院在內的德川家都將背負一輩子的恥辱，於是天璋院還是不得不與厭惡的慶喜會面。

不過，天璋院聽到慶喜成為朝敵時內心還是受到極大震撼，慶喜成為朝敵代表德川宗家也成為朝敵，朝敵的污名會導致德川宗家當主統治的幕府成為不合法的存在，德川宗家有可能因此消滅，這是天璋院難以接受的事實。之後慶喜多次與天璋院和靜寬院宮會面，請求她們向朝廷表明自己的恭順之心，自己已決定進入上野寛永寺大慈院謹慎。二月十五日得知朝廷任命有栖川宮熾仁親王為東征大總督後，幕閣開始懇求靜寛院宮為德川宗家的存續奔走。

東征軍雖以帥宮為大總督，不過東征軍主力為薩、長、土、肥四藩，薩摩出身的總參謀西鄉吉之助決定在三月十五日對江戶城發動總攻擊，對比當下雙方的士氣，一旦發動總攻擊江戶城將在一夕之間化為焦土。所幸在幕臣山岡鐵舟、勝海舟的奔走下，西鄉取消對江戶城總攻擊的命令，四月四日橋本實梁、柳原前光兩位敕使進入江戶城，宣布幕府必須交出所有軍艦砲彈以及在十一日之前撤出江戶城、由官軍接收。

自安政三年十二月十八日嫁入江戶以來，儘管過著沒有夫妻之實的生活，天璋院已將德川家視為己家、把江戶城視為自己的歸處，因此在和宮嫁入江戶及鳥羽·伏見之戰後天璋院兩度拒絕薩摩藩迎接她回去的邀請。

「女人一旦出嫁，夫家就是自己的家，即便與娘家兵戎相對也必須站在夫家這邊。夫家有難豈能丟下一切，逃回娘家？」

天璋院一直以堅強的一面面對幕末時期德川家種種不利的局面，然而，這樣的努力卻換來德川家的瓦解、崩潰，甚至要離開自己的安身立命之處，天璋院的愧疚與哀傷非言語所能表達。

天璋院在四月十一日搬出西丸，先後遷徙至清水邸、一橋邸，德川宗家由二年前被眾人以年幼為由否決的田安龜之助繼承。不久，朝廷對德川宗家做出處分，從原本號稱四百萬石天領的幕府減封至七十萬石，領地也移封至駿府。據說有二千六百多名幕臣（再加上家屬則有近一萬三千人）跟隨龜之助前去駿府，由於僧多粥少，只能過著克難的日子。

在江戶的天璋院過的日子並不比駿府風光，她婉拒薩摩藩每年獻上三萬兩生活費，因此在改元明治後多次遷徙，最終定居在千駄谷（東京都澀谷區千駄ヶ谷）。

明治四（一八七一）年廢藩置縣，德川宗家的七十萬石被收回改置靜岡縣，九歲的田安龜之助返回千駄谷接受天璋院的教育，這是天璋院此後生活的重心。也在這時候天璋院和返京的靜寬院宮恢復書信往來，靜寬院宮在江戶無血開城後返回京都，但是隨著明治政府遷都東京，靜寬院宮又回到這塊傷心之地。然而也因為改朝換代之故，可以不再執著於身分上的包袱，天璋院和靜寬院宮終於能夠融洽相處，多次相約一起到東京市郊閒逛，這是在大奧時期無法想像的事。

明治十年靜寬院宮腳氣衝心病逝，享年三十二歲。同年已改名德川家達的田安龜之助前往英國留學，明治十五年返國，翌年與近衛忠房長女泰子結婚，這樁婚姻正是由天璋院促成。完成德川宗家當主的婚姻後，天璋院完成畢生的任務，明治十六年11月20日走完人生最後一遭，享年四十九歲，據收藏於德川紀念財團的〈天璋院葬送之圖〉描繪，沿途超過一萬人參與送葬行列直至上野寬永寺，該地是家定的埋骨之地。

天璋院生前曾對家達夫婦留下「不論生下男女，一定要和島津家結親，而且要盡力避免與慶喜一族結親」的遺言，天璋院病逝後隔年出生的家達長男家正後來果真和薩摩藩最後的藩主島津忠義十女正子結婚，實現天璋院的遺言。

4 御國御前由羅

薩摩藩國父島津久光的生母由羅據說出身江戶大工之女，亦有一說是八百屋（販賣蔬果的店鋪）之女，亦有一說是船宿之女，眾說紛紜。總之，由羅出身江戶，是庶民之女。

由羅在前來江戶薩摩藩邸奉公時為當時薩摩藩主島津齊興看上，遂納為側室。齊興除由羅外還有關根氏及其他一、兩位側室，但是只有由羅為齊興生下二男一女，當中只有五男又次郎活到成年，又次郎即是後來的忠教、久光。

文政七（一八二四）年八月十六日齊興的正室彌姬去世，三十四歲的齊興無意再娶，給予由羅準正室的地位，要家臣稱她為「御國御前」。前文提過雖然無法確定由羅正確的家世，但是可以確定絕非武士出身，出身如此低下的她卻成為全國第二大藩藩主的準正室，也難怪不少家臣內心不滿。地位已等同正室的由羅當然希望下一任藩主能由自己的兒子忠教繼任，在封建時代，只要女性處在與由羅同等的地位，都會產生與她相同的野心。由羅認為只要嫡男齊彬維持世子的身分，繼任藩主的機會便不可能降臨在忠教身上，眼看能夠廢嫡的只有現任藩主齊興，由羅勢必要牢牢控制住齊興。

齊彬雖是齊興長男，但是不得齊興喜愛，由羅觀察到這點後認為可藉齊興之手廢掉齊彬，沒想到卻招致多數家臣的反對，進而引起「由羅騷動」（關於「由羅騷動」可參照第一部第三章）。「由羅騷動」的結果是幕府強制齊興隱居，年過四十的世子齊彬終於襲封藩主，齊彬並不因此清算齊興，甚至連對忠教、由羅都既往不咎。

不過，由羅似乎並不從此罷休，齊彬一共有六男五女，除三女暐姬（島津忠義正室，明治二年去世）、四女典姬（久光四男珍彥正室，明治三十六年去世）、五女寧姬（島津忠義繼室，明治十二年去世）外均在四歲以前夭折，由羅被認為在背後以咒術詛咒齊彬子女夭折。暐姬和寧姬先後為忠義生下一女一男，也都夭折，只有典姬和島津珍彥間生下的子女還保有齊彬的血統。

即便眾多子女夭折，齊彬也未曾因此處分由羅，慶應二（一八六六）年十月廿八日由羅病逝在鹿兒島城下，享壽七十二歲。

5 幾島

自篤子成為齊彬養女住進鶴丸城（鹿兒島市城山町），齊彬即指派幾島隨侍在篤子身邊，教導她御台所應具備的禮儀和器量，在大河劇《篤姬》前半段幾島與篤子的關係密不可分。

為何齊彬會指定幾島教導篤子？幾島與島津家又有什麼淵源呢？

從薩摩藩第三代藩主島津綱貴起即有將女兒嫁給近衛家當主的紀錄，關於八代藩主重豪三女茂姬以近衛家養女身分成為十一代將軍家齊的御台所一例，筆者在前文已提過數次。九代藩主齊宣五女郁姬於文政八（一八二五）年以齊興養女身分（島津興子之名）嫁給近衛家當主近衛忠熙，當時幾島以郁姬侍女身分進入近衛家，直到嘉永三（一八五〇）年三月郁姬去世後，幾島剃髮出家為郁姬祈求冥福。

在齊彬決定送篤子進大奧成為家定御台所的同時，想起在近衛家的幾島，於是賦予她教導篤子成為出色御台所的重責。幾島的生父是薩摩藩側用人，幾島亦在薩摩出生，此外還以郁姬侍女身分服侍近衛家二十餘年，對島津家、近衛家可說都有深厚的感情，是齊彬託付重責的最佳對象。

隨時提醒篤子不可忘記左右家定的決定，讓家定選擇一橋慶喜為繼任的將軍人選也是幾島的責任。

然而篤子在安政四年九月在江戶城內吹上舉行的觀菊會上，對一橋慶喜留下極為惡劣的印象，因而對自己肩負的使命出現質疑，因此當家定決定以德川慶福為將軍繼承人時，篤子並未盡到左右家定決定的使命。接下來彥根藩主井伊直弼被大奧推舉為大老，家定、齊彬雙雙辭世，慶福成為第十四代將軍，不久井伊大老針對一橋派成員採取高壓政策，此即安政大獄。

安政大獄將所有一橋派成員一網打盡，井伊大老要讓一橋派永遠無法翻身，連午過七十的村岡也被下獄監禁三十日。目睹此情景的幾島雖未明說，內心難免對天璋院有所怨懟，造成她的辭職求去。

安政六年十二月左右，幾島離開大奧。幾島離開大奧後的行蹤以及做了哪些事目前還沒有發現足夠的記載說明，可以確定的是幾島並沒有消失在歷史舞台。慶應四年東征軍即將對江戶城展開總攻擊前夕，幾島返回大奧與天璋院共患難，攜帶天璋院親筆寫給西鄉的信函、以天璋院使者的身分前往東征軍位於靜岡的本陣，大河劇《篤姫》中天璋院寫給西鄉的信函至今仍被完整地保存下來。

幾島在將天璋院的信函送給西鄉後的去向不明，只知葬在島津家位在江戶的菩提寺大圓寺（東京都杉並區和泉）。從埋葬處來看應該是在江戶去世，去世之年在近年已得到證實是明治三年，如此看來幾島在傳送信函後似乎滯留江戶，但以目前的記載來看，江戶無血開城後幾島並未與天璋院及昔日大奧友人有所往來，孤寂地在東京去世。

6 觀行院

觀行院是仁孝天皇的典侍，本名為橋本經子，是公卿橋本實麗之妹。天保十（一八三九）

年，十四歲的經子入宮服侍天皇，受封典侍。與天皇其他典侍相比，經子幾乎年輕廿歲，因此特別受到天皇的寵愛，生下皇子胤宮（二歲時夭折）及皇女和宮。

懷胎和宮期間天皇崩御，享年四十七歲，經子雖有孕在身也必須依照慣例落飾，院號觀行院，然後才生下皇女和宮。按照慣例凡是生下皇子、皇女的女御、典侍皆可領到朝廷下賜的養育料，這是為減輕女御、典侍生家負擔（依當時慣例，皇子、皇女出生後由母方娘家養育到一定年紀才接回宮裡）而訂定出的辦法。不過當時朝廷經濟困窘，無法下賜過多養育料，家格屬於羽林家的橋本家年俸為五百石，能夠用來養育和宮的部分也很有限，根據觀行院自己的記載，和宮幼年很少有穿新衣的機會。嘉永四（一八五一）年和宮異母兄孝明天皇批准與有栖川宮的婚約後，隨著加入有栖川宮的部分年俸及養育料的增加，才讓觀行院及和宮的生計稍有改善。

後來因公武合體的提出，和宮成為幕府積極改善與朝廷關係下的犧牲品，被迫解除與有栖川宮的婚約降嫁關東。儘管朝廷幾百年來每況愈下，必須仰仗武家鼻息才能生存，皇族成員及公家仍與千年前平安時代沒有太大差別，視前往關東為畏途而裹足不前。

觀行院受周遭女官的影響，捨不得讓和宮前往關東，然而幕府已決定接受攘夷、藉以換取和宮降嫁，天皇不能失信幕府，護女心切的觀行院於是提出自己也願跟隨前往江戶。

文久元年十月廿日，觀行院與宰相典侍庭田嗣子、和宮堂姊大納言典侍橋本麗子、上臈御年寄土御門藤子、乳母繪島、命婦鴨腳克子（能登局）浩浩蕩蕩地一同東下江戶。

由於觀行院跟隨前往江戶，進入大奧後如何安排觀行院與本壽院、實成院、天璋院的座位順序成為一大難題，還有平時作息該採京風（御所風）或江戶風，這些隨著觀行院的到來一一浮上檯面，成為天璋院與和宮對立、衝突的問題點。

改元元治後觀行院的健康似乎出現問題，經常有胸口疼痛的毛病，經過奧醫師的診斷後病情時好時壞，慶應元（一八六五）年八月九日觀行院病逝，享年四十歲。

觀行院到去世前一直都認為有朝一日可以與和宮一起回到京都，沒想到最後未能如願。天璋院及和宮的關係不佳一般咸認是因為觀行院之故，如果她不跟隨和宮來到大奧應該不會有這些問題，不過若從另一角度來看，和宮是觀行院唯一的親人，如果不跟來江戶恐怕觀行院會更早去世。如果認為觀行院造成天璋院與和宮之間關係黯淡的元凶，換個立場來看，本壽院和實成院又何嘗不是元凶之一呢？

7 靜寬院宮親子內親王

前篇介紹和宮生母觀行院，本篇接著介紹和宮。弘化三（一八四六）年閏五月十日，和宮生於御所東邊的橋本家，是仁孝天皇第八皇女，該年一月廿六日仁孝天皇崩御，換言之和宮從未見過生父。

因此，與和宮有同樣血緣的異母兄孝明天皇成為和宮對父親憧憬的投射，天皇對這位從未見過父親的異母妹也異常地憐惜。事實上，和宮這一名字還是由兄代父職的天皇命名。久而久之，感受到異母兄疼惜的和宮對天皇言聽計從，後來和宮願意降嫁關東固然迫於現實，但也因為是天皇才讓和宮願意點頭。

和宮六歲那年天皇批准與有栖川宮熾仁親王的婚約，如前文所述婚約批准後和宮的養育料加入有栖川宮部分年俸才有所改善，因此在和宮幼小的心靈裡已將有栖川宮視為自己終生伴侶，只要自己一到適婚年齡便履行婚約。

不過，根據統計從後水尾天皇到光格天皇（一六一一～一八一七）共計七十二名皇女中只有十一位皇女走上婚姻之路，其餘皆遁入空門成為門跡住持。

之後數年和宮陸續完成深曾木之儀[5]、紐直之儀[6]、鐵漿始之儀[7]，逐漸脫去幼稚、轉換為少女的臉孔。根據戰後進行的歷代將軍及正、側室之墓所及遺骸改葬調查，依照和宮的骨骸推定其身高只有一百四十三公分左右，雖比十三代將軍家定的繼室有君高上不少（詳見第二部第三章），和宮的個頭在當時而言還是過於嬌小。

安政五、六年間部分幕府老中如安藤信正，已有以皇女作為將軍御台所的念頭，希望能藉此修復未得天皇敕許便擅自在條約上簽字而惡化的朝幕關係，但礙於井伊大老的專橫而未提出。然而，安藤老中中意的人選是天皇第二皇女富貴宮，原因除富貴宮是天皇的皇女外，她的生母還是地位相當於準皇后的女御九條夙子。可惜計畫不如變化，富貴宮於安政六年夭折，雖然這年天皇第三皇女壽萬宮誕生（生母為典侍堀河紀子，岩倉具視異母妹），但是一來壽萬宮的年紀與將軍差異太大，而且壽萬宮能否長大成人也還是個未知數；其次，壽萬宮生母堀河紀子只是典侍，與富貴宮生母是女御有所差距。當初與其說看上富貴宮，不如說是看上其生母是女御，如果必須接受皇女的生母為典侍的事實，不如選擇生母同樣為典侍、但年紀與將軍同年的和宮。

安政七年三月三日發生的櫻田門外之變成為朝幕關係改善的契機，幕府希望徵得天皇點頭將皇妹下嫁至江戶成為將軍御台所，此舉有助於朝幕關係的和諧，幕府則以全面攘夷回報朝廷。由於天皇在嘉永四年七月批准和宮和有栖川宮的婚約，若要實現公武合體，天皇必須承認嘉永四年的婚約無效，如此一來將重傷和宮的感情。

婚約無效已傷足和宮的心，接著又成為朝幕和諧下的犧牲品降嫁江戶，在遙遠的關東終其一生，若從這點來看，和宮和天璋院同樣皆是政治婚姻下的犧牲品。

戲劇（如大河劇《篤姬》）、小說（如宮尾登美子《天璋院篤姬》）中都有和宮在江戶與婆婆天璋院衝突的橋段，她們兩人的衝突是全劇的高潮之一。不過綜觀全劇或是小說，和宮和天璋院很少發生直接的衝突，多半是底下的侍女曲解對方言詞或行為。成長背景的不同造就出不同的生活習慣及價值觀，這也是兩方人馬經常衝突的主因。

遇見家茂是和宮一生最幸福的事，家茂對和宮的體貼與包容化解和宮的不安，和宮一直以來以自我封閉作為對命運的無言抗議，直到心扉逐漸因家茂敞開，儘管也只為家茂一人而開。

5 深曾木之儀：虛歲六歲的皇子・皇女舉行的剪髮儀式，通常接在着袴之儀之後。
6 紐直之儀：虛歲七歲的皇女著需綁腰帶的振袖和服的儀式，類似民間習俗七五三節中七歲女童的「帶解之儀」。
7 鐵漿始之儀：十二、三歲的女性染黑牙齒的儀式，也稱為「齒黑」（お歯黒）。

和宮與家茂的婚姻維持約四年半，扣除掉家茂三次上洛，兩人實際上共處的時間大概只有二年半。此外和宮是唯二不用和其他女性分享將軍的御台所（另一人是二代將軍的御台所阿江），家茂對和宮的忠貞更勝於秀忠對阿江（秀忠有私生子保科正之），當然也勝過不少現代男性，能夠得到所愛的男性全部的愛情，和宮在這點是無比的幸福。

不過對於家茂以外的大奧，和宮在心態上並無多大改變，因此和宮幾乎無法承受摯愛的觀行院和家茂先後去世的哀慟，家茂的葬禮尚未結束大奧已傳出和宮有意離開江戶這一傷心地、返回京都的傳聞。和宮返回京都似乎不是傳聞，而是確切地在計畫著，因此她只接受靜寬院宮的院號而無落飾的打算。

靜寬院宮最終在十二月九日妥協落飾，由於慶喜已在稍早之前十二月五日繼任將軍，因此靜寬院宮也面臨當初天璋院搬離大奧本丸的局面，對此天璋院出來主持公道：

「新將軍（慶喜）是下一代將軍（田安龜之助）元服前的暫時替代者，新御台所（慶喜的正室一條美賀子）在大奧的時間不會太長久，御台所經常搬動未免過於麻煩。」

慶喜礙於現實不得不接受天璋院的說詞，不過慶喜繼任將軍後從未返回江戶，御台所一條美賀子也跟著滯留京都，成為唯一未曾踏入大奧的御台所。接著同月廿五日天皇崩御，對靜寬院宮又是一重大打擊，大奧再度傳出靜寬院宮返回京都的傳聞。

鳥羽．伏見之戰幕軍戰敗，慶喜不久即丟下一萬多幕軍，趁夜搭乘軍艦逃回江戶城，說來諷刺，成為征夷大將軍的慶喜竟是在這種情形下返回江戶城。

慶喜回到江戶城後立刻派出使者傳達與天璋院、靜寬院宮見面，慶喜表明自己將會隱居讓出將軍之位、也同意不由子孫繼承德川宗家以及針對發動戰爭（指烏羽．伏見之戰）向朝廷表達謝罪之意。慶喜希望天璋院及靜寬院宮能向京都傳達這三件聲明，由於今上是靜寬院宮的姪子，慶喜特別期盼靜寬院宮能為此出力。靜寬院宮雖與天璋院相處不佳，但仍願為德川宗家的存續盡力，派遣從京都跟隨而來的上臈御年寄土御門藤子於慶應四年一月十七日出發前往京都（藤子返回江戶時已在無血開城之後）。

明治二年一月十八日靜寬院宮沿著東海道回到離開七年多的京都，暫時居住在宮門跡聖護院（京都市左京區聖護院中町）。不久新政府遷都江戶，並改名東京，和宮雖有長住京都的打算，仍於明治七年七月八日遷回東京，在麻布兵衛町（東京都港區六本木一丁目）住下。

此後靜寬院宮有時會去探望天璋院，兩人長年在大奧的心結到此時才算化解。可惜好景不常，明治十（一八七七）年9月2日靜寬院宮因腳氣衝心於療養中的箱根去世，享年三十二歲，死後依其遺願葬於增上寺家茂埋骨處旁。

8 村岡

安政大獄唯一的女性受刑者村岡出身大覺寺門跡家臣，原姓津崎，本名矩子。寬政十（一七九八）年十三歲進入近衛家，之後成為近衛家老女，賜名村岡局。文政八（一八二五）年郁姬成為近衛忠熙正室，結識跟隨進入近衛家的侍女幾島。

安政三年，近衛忠熙養女篤子成為十三代將軍德川家定御台所，村岡代替近衛忠熙已故正室郁姬，成為篤子養母。身為勤王志士的她與多數勤王志士皆有交往，被之後在獄中死去的梅田雲濱譽為「近衛家的清少納言」。

安政大獄村岡是唯一受處分的女性，被京都町奉行逮捕後押解至江戶。儘管此時村岡已年過七十，天璋院以大御台所的身分想解救名義上的養母，經過一番嚴格審訊後處以監禁松平丹波守宅邸三十日的處分。

解除監禁處分後村岡回到京都，於故居嵯峨野附近的祥鳳山直指庵（京都市右京區北嵯峨）隱居，終日為在安政大獄中死去的志士誦經祈求冥福。維新回天後得到賞典祿二十石的賞賜，明治六（一八七三）年8月23日於直指庵去世，享壽八十八歲。明治廿四年追贈從四位，現於龜山公園（京都市右京區嵯峨龜之尾町）建有村岡銅像。

9 野村望東尼

野村望東尼是幕末時期女流勤王家、歌人，是福岡藩士浦野勝幸的三女，本名元子（もと子），早年從師學習和歌及書道，逐漸染上勤王思想。

十七歲與年紀大她一輩有餘的同藩藩士成親，半年後離異，廿四歲與同藩的野村貞貫再婚。與再婚的夫婿感情甚好，和歌成為夫婦間共同興趣，一同進入福岡有名的歌人大隈言道門下學習和歌。

弘化二（一八四五）年野村貞貫隱居，元子與夫婿在福岡城南築草廬隱居，名為平尾山莊。安政六年野村貞貫病逝，元子剃髮受戒，法名望東尼。文久元年十一月望東尼前往大坂拜訪恩師大隈言道，順道前往京都，結識村岡、太田垣蓮月等女流勤王家，並結識《元治夢物語》一書作者馬場文英。

返回福岡後以平尾山莊作為接待勤王志士的場所，結識同藩勤王志士平野國臣、月形洗藏、加藤司書等人，並透過月形洗藏結識高杉晉作。第一次征長之役後長州藩為恭順派把持，高杉在長州無地容身而出走長州、避居平尾山莊，並在該地訂定功山寺舉兵的政變計畫。

高杉率領的奇兵隊及長州諸隊在功山寺舉兵成功，到元治(一八六四)二年二月完全驅逐恭順派，成立以倒幕為目標的強硬派政權。改元慶應後福岡藩論統一為佐幕，於是藩內的勤王志士月形洗藏、加藤司書等人先後被捕，加藤司書是家老之故准許其切腹，月形洗藏等十餘名志士遭到斬首，野村望東尼被流放到位於玄界灘西側上的姬島(福岡縣糸島市)。

高杉接獲消息後指揮福岡藩的脫藩勤王志士冒死前往姬島，終於救回望東尼，將她藏身下關。之後高杉為四境戰爭消耗心力以致油盡燈枯，望東尼趕往櫻山探視，接續高杉未能完成的辭世(請見第二部第十七章)。

慶應三(一八六七)年十一月在薩長舉兵前夕，望東尼於三田尻病逝，享壽六十二歲。

10 木戶松子

幕末時期的勤王志士在戲劇、小說中，經常給人在京都的料亭裡喝酒飲食並與藝妓嬉戲玩鬧的印象。不可諱言，一部分浪人是為求得餐餐溫飽，同時一圓與京都藝妓一親芳澤的美夢才投身勤王攘夷。如果不以佳釀美食與溫香軟玉作誘餌，可能不會有那麼多志士願意投身勤王攘夷大業，由此可見賣藝不賣身的藝妓——也包含賣身的游女——與佳釀美食是吸引志士的最大誘因。

幕末時期勤王志士與藝妓之間的愛情多半發生在京都，幾乎都是露水姻緣，為何會有這種情形呢？

文久以來的京都充斥尊攘派的天誅行動，幕府為維持京都治安，將新成立的京都見迴組、新選組等組織交給同樣新成立的京都守護職管轄，以遏止天誅歪風。不管是天誅行動，或是京都見廻組、新選組的維持治安行動，都有可能在執行任務時喪命，因此「今朝有酒今朝醉」式的及時行樂成為他們奉行的信念。他們大多在故鄉也有妻室家眾，但是遠在故鄉的家人無法慰藉他們隨時面臨的死亡威脅，執行任務時凶神惡煞的他們，在完成任務後需要心靈上或肉體上的放鬆，祇園的藝妓或島原的遊女是最能讓他們放鬆的對象，因此他們往往會在那裡一擲千金。在藝妓或遊女精湛的取悅技巧下，每位男人似乎都能暫時忘卻死亡的可怕，在需要被慰藉的男人以及以慰藉男人為謀生工具的女人間，很自然地發展出一時的愛情。

為何說是一時的愛情呢？當維新回天、改朝換代後，死亡不再是隨時可至的威脅後，存活下來的男人有一部分飛黃騰達成為新政府高官，豈能將藝妓或遊女娶進家門？曾經許下的山盟海誓也不再當一回事。

不過在這之中倒有一對璧人修成正果，男的在最落魄的時候隱身在二條大橋底下的乞丐群，仰仗女的每天從橋上丟下食物過活，雖然狼狽，但終究存活下來。之後男的感激女的為他做的一切與故鄉的元配離異，將曾經是藝妓的她娶進門成為正室，這位女性是本篇的主人公木戶松子，男的是被稱為「維新三傑」之一的木戶孝允（舊名桂小五郎）。

天保十四（一八四三）年松子出生在若狹小濱藩士的家庭，本姓木崎，松子似乎是家中長女。若狹小濱藩主酒井忠義在天保末期曾任京都所司代，松子生父長年在京都任官，之後受同僚犯罪牽連而丟官，於嘉永四（一八五一）年病逝。

長女的松子因家道中衰而成為養女，松子的養母是三本木（京都市上京區三本木通）吉田屋的藝妓幾松，在她的教導下松子以舞蹈及吹笛見長，加上容貌出眾，不久襲名成為二代目幾松。

桂和幾松大約在文久元（一八六一）年初次見面，兩人一見鍾情，見面幾次便成為伴侶。他們在一起的經過有如下的插曲，藝妓的開銷大，往往在經濟上需要金主資助，資助者和藝妓間類似夫妻（未必有實質上的肉體關係），因此藝妓的養母都會慎選金主（選擇有錢人）。桂雖以劍術聞名，本身並無太多資金，很難成為幾松的金主，桂經常為此而顯得悶悶不樂。

桂的心事被心思縝密的伊藤俊輔看出，俊輔從桂的口中知道整件事的經過後，提刀前往幾松住處與其養母談判。俊輔拔刀架在其養母的頸項上，命其促成幾松與桂的好事，雖然俊輔的劍術稀鬆平常，但是以當時情形來看，即便沒有一流劍術也能輕易殺死幾松的養母，幾松的養母因此妥協，同意兩人交往。

大河劇《新選組！》中有一幕為池田屋事件後，近藤勇率領隊士緝捕桂，循線來到幾松住處。幾松早把桂藏在衣櫃夾層裡，近藤裡裡外外翻遍幾松住處遍尋不到桂（桂的衣角都外露卻也沒發現），近藤於是忿忿然離去。

必須說的是這一幕並不正確，筆者在第二部第十二章有提到此時的桂人在高瀨川沿岸的長州藩邸，狠心關上藩邸大門拒絕松陰四天王中吉田稔麿的求救，讓吉田含恨在藩邸大門前切腹。

禁門之變後桂躲在二條大橋底下仰仗幾松的施捨，然後出亡到但馬出石，在那裡隱姓埋名度過半年多。幾松在這段期間先是避開幕府查緝前往長州，從村田藏六口中得知桂的行蹤，然後再從長州偕同桂的友人前往出石與桂團聚，女人一旦跟定男人，表現出的堅毅有時更勝男人，幾松就是最好的例子。

維新回天後，幾松認長州藩士岡部富太郎為養父，以岡部養女身分與木戶準一郎正式成親，婚後改名松子。為迎接這一刻，木戶與安政六年成親的髮妻宍戶富子離異。

木戶和富子間只有一女好子，收養妹婿世原良藏與妹妹治子的次男正二郎為婿養子，之後《華族令》頒布，木戶家爵位為侯爵，首任侯爵是木戶的養子正二郎。附帶一提，後來正二郎早逝，再以世原良藏長男孝正（正二郎之兄）為養子，孝正的長男即是昭和天皇的心腹、終戰時的內大臣木戶幸一。

木戶在西南戰爭期間病逝（明治十年 5 月26日），松子一直照顧到木戶嚥下最後一口氣為止，然後以翠香院為號長居京都陪伴在木戶的墓旁。明治十九（一八八六）年 4 月10日胃病去世，享年四十四歲，葬於京都靈山護國神社內木戶的墓旁。

11 中西君尾

與前篇相較，本篇主人公中西君尾在感情上沒有幾松來得幸運。中西君尾於天保十四(一八四三)年出生在丹波國船井郡的一個武士家庭，父親死後與母親來到京都，十九歲以君尾之名成為祇園島村屋首屈一指的藝妓。

君尾經常到一家名為「魚品」的茶屋表演，因此結識以高杉晉作為首的長州勤工志士，君尾本人的政治立場也傾向勤王。文久二年初，高杉帶著同藩的志道聞多前來魚品捧場，據說從不挑剔女性的聞多一眼看上君尾，並展開熱烈追求。以流傳至今的井上馨照片而言，長相猥瑣的井上稱不上英俊(桂小五郎則是出名的美男子)，不過外貌不揚的聞多卻擄獲君尾的芳心。

前文提及「女人一旦跟定男人，表現出的堅毅有時更勝男人」，中西君尾也是一個極佳例子。她跟定聞多後，不久島田左近也看上君尾，對她展開熱烈攻勢。島田左近何許人也？由於他的檢舉使得不少勤王志士成為安政大獄的受害者，對於這樣一位勤王之敵的人，君尾當然不會接受他的追求。隨著天誅行動的興起，島田被認定為首位誅殺對象，必須有人潛伏在島田身邊為天誅志士提供情報，於是在長州藩士寺島忠三郎的勸說下君尾同意成為島田的小妾，文久二年七月廿日島田左近成為首位被天誅的對象，據說洩露島田行蹤的正是君尾。

文久三年聞多、俊輔等長州五傑前往英國留學，臨別前夕君尾將隨身配戴的銅鏡贈給聞多，聞多則回贈佩刀，沒想到君尾致贈的銅鏡在元治元年九月廿五日晚上為聞多擋下致命的一刀，這面銅鏡為聞多多帶來五十一年的壽命與數不盡的榮顯與富貴。

前文提過禁門之變後桂小五郎躲在二條大橋底下仰仗幾松的施捨，而躲在二條大橋之前桂曾逃到祇園的茶屋，沒想到遇上近藤勇來找中西君尾。近藤勇雖不曾與桂照過面，但是看到氣宇軒昂的桂，直覺認為這個人非池中之物，於是對桂仔細盤問。

這時君尾突然朝桂打了一巴掌，要他別不識相地出現在貴人面前，然後對近藤說道：

「這廝是我的幫間[8]，人雖長得高大，實際上沒什麼長處，請多多包涵！」

輕描淡寫的一席話化解桂有可能被近藤帶走的麻煩。

據說日本最早的軍歌〈親王大人〉（宮さん宮さん）是由品川彌二郎作詞、中西君尾譜曲，另有一說為譜曲的是大村益次郎。很難想像不懂音律的大村有譜曲的才能，比較被一般大眾接受的說法是來自當時已有的地方民謠〈トンヤレ節〉或〈トコトンヤレ節〉加以改編。儘管是現有民謠的改編，大村應該還是無法勝任，而經常在酒席間演唱的中西君尾倒有能力辦到。

維新回天後井上馨因維新之功被任命為長崎府判事、造幣局知事，在佐賀藩士大隈重信的介紹下與旗本之女再婚（井上認識中西君尾時已婚），看來已忘記幕末曾與中西君尾相戀之事。君尾在維新回天後繼續從事藝妓，似乎也不指望井上能像木戶那樣為己贖身，大正七（一九一八）年 2 月17日去世，葬於京都獨妙山超勝寺（京都市左京區超勝寺門前町）。

12 新島八重

二〇一三年大河劇《八重之櫻》的主人公新島八重於弘化二（一八四五）年出生在會津藩

8　幫間：在宴會酒席上插科打諢的配角或是幫藝者、舞妓拿行李的小廝。

砲術師範的家庭，是家中的獨女，舊姓山本，幕末會津藩的砲術家山本覺馬是其長兄。

由於生長在砲術師範的家庭，八重的幼年與同時代一般女性非常不一樣，即被當成男孩養育，不只學習女性慣用的薙刀術，與她年紀差異甚大的長兄山本覺馬也教她學習鐵砲射擊及拆解鐵砲。此外八重的臂力也是一絕，據說十三歲便能扛起四俵米（約六十公斤），因此博得「會津巴御前[9]」的稱號。

慶應元年，八重與在會津藩藩校日新館教授蘭學及砲術的出石藩士川崎尚之助成親。不久之後發生戊辰戰爭，會津藩不分男女皆響應藩主松平容保的號召加入會津城保衛戰。會津藩女性普遍拿起女性慣用的薙刀被動地防衛會津城，而八重則是剪去長髮、穿起男裝，手持當時新式武器史班瑟往復步槍（Spencer repeating rifle）、腰上纏繞約百餘發該步槍子彈與會津男子前往會津城北出丸與官軍槍戰。

北出丸的官軍主力為薩摩藩及土佐藩，指揮官為以砲術見長的大山彌助，結果後來日俄戰爭中被任命為滿州軍總司令官的大山巖陸軍元帥在此役右大腿中彈昏迷，不得不退出戰場，據說是遭到八重狙擊。

可惜八重的神勇無法改變會津戰爭的結果，不僅如此，無法改變的還有其婚姻。由於夫婿並非會津人，八重認為沒有必要為防衛會津城賠上性命，於是與之協議離異。然而還在口頭協議時會津戰爭已經發生，等到兩人正式結束婚姻關係時已是明治三年。

明治四年八重前往京都投靠謀得京都府顧問的兄長，在山本覺馬的推薦下八重進入位在鴨川西岸的日本最初女學校京都新英學級及女紅場（現為京都府立鴨沂高等學校，原址位於現京都市上京區土手町通丸太町下行）擔任教職。八重在這段時間認識與兄長友好的基督教傳教士新島襄，當時新島襄有意成立宣揚基督教精神的學校，但是自江戶時代以來，不管官方或民間普遍對天主教（包括基督教）採取敵視態度，新島襄幾乎在沒有奧援的情形下成立同志社英學校（京都市上京區今出川通烏丸東入玄武町），是之後同志社大學的前身。兩人於明治八年10月舉辦婚禮，由於八重的對象是位傳教士而招致僧侶、神官的斥責，導致八重遭到女紅場解雇。

明治廿三年新島襄病逝後，八重離開同志社加入日本紅十字會，組織護理人員前往日

9　巴御前：平安末期的女武者，是信濃出身的武將源義仲之愛妾。據《平家物語》記載，巴御前力大無窮，能將強弓拉得振振作響。

清、日俄兩場戰役軍醫院救治受傷的士兵，戰後兩度受到天皇授予勳章。

昭和七（一九三二）年於京都自宅（新島襄舊宅）病逝，享壽八十八歲。

13 杉文

二〇一五年大河劇《花燃》的主人公為吉田松陰的么妹杉文生於天保十四（一八四三）年，上有梅太郎、寅次郎（松陰）兩位兄長及千代、壽、艷（夭折）三位姊姊，下有弟弟敏三郎。

安政四年松陰接替叔父玉木文之進經營松下村塾，一時之間長州俊傑匯集，其中松陰最欣賞的年輕人是高杉晉作和久坂玄瑞。松陰認為比起狂傲的高杉，較為內斂的久坂更適合當尚未出嫁的妹妹杉文的夫婿，於是作媒決定兩人的婚事。此時杉文十五歲，久坂也不過十八歲。

之後井伊大老興安政大獄，包含松陰在內的多位勤王志士遭到斬罪。久坂為報恩師遭到殺害之仇，數年後率領長州藩軍直指天皇所在的御所（禁門之變），結果兵敗自刃，杉文在數年內失去親如生父的兄長以及倚靠一生的丈夫。

久坂死後，杉文的姊夫小田村伊之助整理久坂的著作遺稿與生前和杉文往來的書信出版，題名《涙袖帖》。大概在慶應元年，杉文開始以美和為名，維新回天後正式改名美和子。

姊夫小田村伊之助於慶應三年九月奉藩命改名楫取素彥，以維新回天之功被任命為群馬縣令，與其妻壽前往群馬縣。不久，壽病倒，美和子前往群馬就近照顧壽。明治十四年壽病歿，享年四十三歲。

明治十六年，都曾經歷過喪偶的楫取素彥和美和子再婚，之後素彥轉任元老院議官而舉家遷往東京。明治廿年楫取素彥敘男爵，帝國議會成立時素彥選上貴族院議員，連任兩次（貴族院議員任期為七年，且無面臨解散之虞），大正元（一九一二）年8月14日去世。

之後美和子遷回故鄉山口縣，在防府町（山口縣防府市）過完餘生，享壽七十九歲。美和子並未與久坂及楫取素彥生下子女，壽為素彥生下二男，因此久坂在世時收素彥次男為養子。不過久坂曾與京都藝妓生下一男，久坂死後與藝妓生下的男孩繼承久坂家，養子回歸本家改名楫取道明。日本治理台灣時期，楫取道明被派往台灣負責教育事務，明治廿九年1月1日與五名日本教師在芝山岩遭到躲在該地的抗日份子殺害，六人悉數遭到斬首，是為「芝山岩事件」。

14 大浦慶

幕末時期長崎聞名的女商人大浦慶於文政十一（一八二八）年六月十九日生於長崎油屋町，經營名為大浦屋的油問屋（油的批發商）。原本家境富裕，不過天保十四年長崎市區大火，火勢蔓延至油屋町，大浦屋付之一炬，從此家道中落。

大浦屋家道雖沒落，由於大浦慶是家中獨女之故，父親還是為她招贅夫婿。夫婿同樣出身商家，可能家境過於富裕，紈袴氣息過重，進門二、三日後大浦慶將他趕出家門，從此過著獨身的生活。

父親去世後執掌大浦屋，大浦慶以其出色手腕結識出島荷蘭商館的荷蘭人，得知清國、印度等地的茶葉在歐洲有潛在的市場。日本茶雖與清國、印度等地的茶在風味上有所差異，但大浦慶認為值得一試，她相中產於長崎附近佐賀藩境內的嬉野茶（產於佐賀縣嬉野市到長崎縣東彼杵郡東彼杵町）作為推廣的產品，為親自確認歐洲人對日本茶的接受度，大浦慶萌生秘密前往上海的念頭。

大浦慶拜託認識的荷蘭人與清國人把她藏在出口木箱裡，帶著一部分嬉野茶隨木造帆船從長崎前往上海。筆者在第二部第二章曾提到簽訂《日美和親條約》之前，吉田松陰及其友人金子重輔曾趁黑夜爬上美國船艦密西西比號，希望能跟著美國黑船前往美國見識西方世界。松陰出於想了解列強強大的原因而甘冒幕府的禁令偷渡出國，大浦慶則純粹出於商人賺錢的投機心態，儘管兩人出自不同的動機，但是冒險犯難的精神並無二致，這種精神正是日本的近代化之所以成功的動力之一。

松陰企圖偷渡失敗，之後向下田奉行所自首，因此換來牢獄之災。大浦慶偷渡成功，將帶出的嬉野茶招待上海的外國人享用，看到他們臉上嘖嘖稱奇的眼神後才心滿意足地返回長崎，這時日本因培理四艘黑船的到來而雞飛狗跳。

大浦慶讀的書並不多，但是她以商人具備的敏銳直覺斷定：

「幕府一定會和洋人進行貿易。」

果然歷史朝大浦慶的預測邁進，在原本的長崎之外加開下田、箱館二港進行貿易。大浦慶沒預料到的是，她帶去上海請外國人享用的嬉野茶在三年後竟有位英國商人登門造訪、親自向她下一萬斤的訂單，大浦慶不僅成為日本茶輸出貿易的先驅者，更因此重振已衰落的家道，只是大浦屋不再賣油，改賣歐美人士的新寵嬉野茶。

富可敵國的大浦慶蓋起猶如大名屋敷的豪宅，經常有歐美商人進出與她談生意，而大浦慶也像封建時代一夕致富的男人妻妾成群一樣，身邊也跟隨不少年輕男性。但是大浦慶是個頗有主見的人，能跟在她身邊的男性都是在個性上或能力上受到賞識的，並非完全是被包養的小白臉。

最受大浦慶欣賞的男性有坂本龍馬、大隈八太郎（維新回天後改名重信）、松方助左衛門（維新回天後改名正義），這三人都有精於財政的共通點。三人中讀者可能對松方正義較為陌生，在幕末時期幾乎沒有松方參與重大事件的記載，因此沒有維新之功的榮顯，維新回天後的太政官找不到松方的名字，不過憑藉薩摩藩出身的純正血統依舊被任命為長崎裁判所參議。

明治初年松方正義舉發地方發行的偽造太政官札[10]而為大久保利通賞識，推舉他為民部大丞，明治四年七月民部省併入大藏省後轉為大藏官僚。「明治十四年政變」後轉任大藏卿，針對西南戰爭期間紙幣發行過濫導致幣值貶值的危機進行處理，他成立日本的中央銀行日本銀行發行新紙幣、統整明治時代以來紊亂的稅收，並進行財政緊縮，一連串的財政政策被稱為「松方財政」，有賴於「松方財政」日本才安然度過西南戰爭後的通膨。

繳出成績單的松方坐穩大藏卿的位置，明治十八（一八八五）年12月22日實施內閣制，伊藤總理大臣邀請他擔任大藏大臣，之後幾歷內閣更迭，進入二十世紀前除少數一、兩內閣外（第三次伊藤博文內閣及第一次大隈重信內閣），松方始終是大藏大臣的不動人選，證明大浦慶的確很有識人眼光。

在財政上的功勞使松方在華族中位列公爵，是薩摩藩除島津家外唯二的公爵（另一人為以軍功聞名的大山巖），是明治晚期薩摩藩的重鎮，也是戰前日本九位元老之一（另外八人為長州的伊藤、山縣、井上、桂太郎及薩摩的黑田、西鄉從道、大山巖以及公卿出身的西園寺公望）。

不過一般人對松方的印象可能不如以下這件軼事來得深刻：

松方內閣期間某次松方首相進宮向天皇稟奏要事，結束後天皇突然想要對這位不苟言笑的首相開個玩笑，就對他說道：

10 太政官札：明治初年太政官發行的最初全國通用的紙幣，使用至明治十二年11月為止。

「據聞愛卿子女眾多，確切人數為何啊？」

松方首相沒料到天皇會這麼問，一時間汗流浹背難以回答，頻頻拿出手帕拭汗，誠惶誠恐地回答：

「容臣具體調查完畢後再向陛下稟報。」

松方愛好女色因而妻妾成群，連帶也子女眾多，多到連自己也不清楚到底有多少人（一般咸認為十五男十一女）。不僅如此，妻妾間彼此住處距離頗為遙遠，松方平時政務繁忙難以兼顧，甚至還有見到子女卻誤認為陌生人的的軼聞。明治天皇想必聽過松方的軼聞因此才會在要事稟奏後開一下他的玩笑，松方的反應更增添這則軼聞的「笑」果。

話題再回到大浦慶身上。在後藤象二郎與龍馬在長崎清風亭會談前夕，大浦慶終於見到龍馬，此後成為龍馬的金主之一，龜山社中能擴大改組為海援隊，大浦慶應記上一筆功勞。

明治四年大浦慶作保遭到詐欺，一夕間幾乎失去所有財產，再也無法東山再起。明治十七（一八八四）年4月13日，潦倒的大浦慶病逝，享年五十七歲。

15 坂本乙女

在任何一本坂本龍馬的傳記裡一定會提到影響他一生甚深的姊姊乙女，幾乎是沒有乙女就不會有龍馬的程度。

坂本乙女生於天保三（一八三二）年，大龍馬三歲，在龍馬家族裡年紀與他最相近，而且龍馬生母早逝，加上上面兩個姊姊在龍馬幼年時出嫁，於是由乙女肩負起教導龍馬之責。龍馬能從一個會尿床的愛哭鬼蛻變成一個規劃近代日本發展方向的偉人，乙女功不可沒。

根據龍馬傳記的記載，乙女不僅精通一般武家女性擅長的薙刀，似乎連劍術、馬術、弓術、相撲都很擅長，而且三味線、謠曲、和歌、舞蹈也都有一定的水準。乙女的身高有五尺八寸（約一七四～一七六公分），體重約三十貫（一貫約三．七五公斤，三十貫約一一二公斤左右），和前文提及的和宮根本是大人對小孩，雖然據說天璋院的身材也算高大，但是應該不如乙女。據記載西鄉吉之助的身高將近六尺（約一八一～一八二公分），體重為廿九貫（約一〇九公斤），應該是幕末時期體格最接近乙女的志士。龍馬的身高至今有多種說法，大致上從一六九到一八一公分的說法都有，在壯碩的程度上應遠不如乙女，因此乙女背地裡經常被稱為「坂本家的仁王[11]樣」。

從龍馬傳記來看，乙女經常怨恨自己空有一身本領卻生為女性的無奈，只能守在坂本家等待龍馬寄回的家書去想像龍馬的活躍。大抵說來乙女的一生充滿被命運捉弄的悲劇，擁有才能卻因為生為女性使她失去成為志士的可能，不過乙女雖然精通武藝，幾乎完全不會一個女性該會的烹飪、女紅，儘管也曾有過婚姻生活並生下一子一女，最終仍難免被休掉的命運。

在當時一個被丈夫休掉的女性除落髮為尼外，只能返回娘家忍耐外人鄙視的眼光度過餘生。乙女也無法免去外人鄙視的眼光，她將餘生寄託在龍馬上，收到龍馬的書信並回信給龍馬成為乙女被休掉後最快樂的時光。根據現存有龍馬署名的一百三十餘封信件中，數量最多的是寫給乙女的十三封，實際上的信件應該不只如此。龍馬每次寫給乙女的信件末尾都附上「看完信件後燒掉，不要留下」的字眼，但是乙女都保留下龍馬的信件，這些信件如今成為研究龍馬的珍貴史料。

龍馬遭到暗殺後，乙女曾收留無處可去的阿龍，阿龍在某些方面與乙女有著共通點，但不過數月乙女卻請阿龍離開坂本家，之後乙女依舊留在與龍馬一同成長的土佐老家。

明治十二（一八七九）年8月31日乙女因壞血病辭世，享年四十八歲，晚年的乙女改名為「獨」，從這一舉動或許可以看出龍馬的暗殺對乙女的打擊有多大。

16 登勢

位於伏見地區的船宿寺田屋，是龍馬在元治元年禁門之變以後到京都的固定下榻之地，該船宿的女將登勢曾被龍馬譽為女中豪傑的人物，龍馬對她非常信任，曾對姊姊乙女說過凡是寄給他的信件都改寄到寺田屋來。能被龍馬如此讚譽的女性究竟是個怎樣的人物呢？

登勢出身在近江國大津一個經營旅宿的家庭，自小耳濡目染的登勢在十八歲那年也以旅宿經營者——位在伏見船宿寺田屋第六代主人伊助——作為結婚對象。不過伊助對於經營旅宿似乎沒有太大的興趣，早早將經營權全權交給登勢，自己在外花天酒地，結果因酗酒過度短命而死。成為寡婦的登勢以女將的身分獨自一人撐起寺田屋，被薩摩藩指定為固定的旅宿，以這點來看登勢在經營旅宿方面頗有天分。

在《龍馬傳》裡劇情設定登勢與龍馬生母阿幸長相相同，因此由草刈民代一人分飾二角。

11　仁王：佛寺山門兩側常見的守護神，也稱為金剛力士。

登勢與阿幸長相是否相似並無相關文獻的記載，故難以確認，劇情設定應該是要強調龍馬是多麼受到登勢的照顧。之後登勢收阿龍為養女、從龍馬娶阿龍為妻的史實來看，《龍馬傳》裡龍馬視登勢為母似乎並沒有違背事實太多。

出於對龍馬的欣賞，之後龍馬幾乎是白吃白喝長住寺田屋，登勢對此不以為意，由此可見登勢頗有識人之明，伊助的不作為與龍馬的白吃白喝意義截然不同，並不因表象混為一談。

不過登勢照顧龍馬也幾乎為自己帶來殺生之禍。慶應二年龍馬促成薩長同盟締結之後的一月廿三日，伏見奉行所派出大批與力包圍跟監已久的寺田屋，確定龍馬人在裡面（詳細內容請見第二部第十四章）。最後在阿龍的協助下龍馬平安脫困，逮不到龍馬的伏見奉行所把怒氣出在登勢身上，如果寺田屋不是被薩摩藩指定為固定旅宿而使伏見奉行所有所顧忌，登勢應該難免牢獄之災。

也因為寺田屋的襲擊使得龍馬離開京都一陣子，將重心轉往長崎。龍馬再次上洛已是慶應三年六月初（在上洛途中搭乘的船隻夕顏丸裡提出《船中八策》），為避免將近一年半前寺田屋襲擊的重蹈覆轍，龍馬逐漸避開寺田屋，結果反而招致近江屋事件。如果龍馬繼續投宿在寺田屋，是否可以避開暗殺？這點頗值得玩味。

維新回天後的登勢及寺田屋黯然失色不少，明治十(一八七七)年9月7日，登勢病逝，由於登勢生年不詳，難以確認享壽。

17 楢崎龍

龍馬一生與不少女性有著曖昧的關係，土佐藩鄉士平井收二郎之妹加尾是他的初戀，在江戶桶町千葉道場主人千葉定吉之女佐那、本篇主人公阿龍、長崎女富商大浦慶和藝妓阿元都對龍馬抱持好感，而龍馬似乎也很享受為眾女追逐的感覺。

阿龍本姓楢崎，生於天保十二(一八四一)年六月六日，楢崎家據說原本為長州藩士，後來因罪被貶為浪人，到阿龍生父楢崎將作這一代在京都柳馬場三條南(京都市中京區柳馬場三條下行)開業看診，同時也是青蓮院宮朝彥親王的侍醫。

楢崎將作因而與不少勤王志士有所往來，卻也因此在安政大獄被視為勤王派緝捕下獄，翌年獲釋。楢崎將作獲釋後身體狀況急轉直下，無法繼續從醫，文久二年初病逝，阿龍的家境陷入窮困。

身為長女的阿龍一肩扛起家中生計在京都旅宿幫傭，即便如此也難以維持家中六人的開銷，不得不讓兩個年紀比較大的妹妹成為見習藝妓。元治元年四、五月間在七條新地（京都市下京區的河原町通、五條通、正面通一帶）的旅宿首次遇上龍馬，阿龍對龍馬似乎沒有特別的感覺，不過龍馬卻對阿龍一見鍾情。之後龍馬與寺田屋女將登勢熟稔後在寺田屋白吃白喝之餘，也介紹阿龍到寺田屋工作，增加兩人見面的機會，在登勢的推波助瀾下阿龍也逐漸對龍馬傾心。

在薩長同盟締結之前兩人只是互相傾心而未傳達心意給對方，將兩人從互相傾心轉變為互許終身的契機，是薩長同盟締結後伏見奉行所突襲寺田屋的事件。龍馬在該役失血過多負傷逃出，阿龍連夜趕到伏見薩摩藩邸求救，伏見薩摩藩邸動員大量人力終於找到龍馬藏身之處，在伏見藩邸請來醫術精湛的外科醫師治療下，加上阿龍的細心照料，龍馬的傷勢得以轉危為安。

之後龍馬接受西鄉的建議，和阿龍前往薩摩境內據說對刀傷很有療效的塩浸溫泉（鹿兒島縣霧島市牧園町）養傷。龍馬和阿龍於慶應二年三月十日乘船抵達鹿兒島灣，他們倆先在小松帶刀宅邸住上數日，三月十七日在薩摩藩士吉井幸輔陪同下前去參拜與日本創世神話有關的霧島神宮（鹿兒島縣霧島市霧島田口，該神宮據說是天孫天津彥彥火瓊瓊杵尊的降臨之地），然後沿霧島山來到大隅境內的日當山溫泉（鹿兒島縣霧島市隼人町）和塩浸溫泉療養。

霧島山橫跨大隅、日向二國，兩人泡完溫泉後繼續朝霧島山頂峰邁進，經過數刻攻頂終於來到插著天逆鉾的霧島群山中的高千穗峰，這裡是記紀神話中的天孫降臨之地。從參拜霧島神宮到前往塩浸溫泉療養，再到攻頂高千穗峰，最後於四月十二日藉由海路返回鹿兒島城下的這段一個多月的行程，被龍馬最初的傳記作者坂崎紫瀾在《汗血千里駒》中說這是日本最早的蜜月旅行。今日鹿兒島市天保山町天保山公園內有一座龍馬與阿龍的新婚旅行碑，這一個多月的蜜月旅行應是阿龍一生中最感到幸福的時刻！

慶應二年十二月四日，龍馬在寫給兄長權平的家書裡正式提到關於阿龍的事蹟：

「名字為龍，如今是我的妻子。」

在寫給乙女的信件裡則提到：

「正是因為有阿龍，龍馬才能獲救。」

這兩封信給予阿龍正妻的名份。

之後龍馬夫婦離開薩摩來到長崎，在龍馬生涯的最後一年多裡阿龍沒能陪在身旁，先後被龍馬安置在長崎和下關。據說龍馬暗殺當夜，阿龍夢見全身浴血的龍馬，半個多月後的十二月二日阿龍才收到並確認龍馬已死去的消息。當時阿龍被安置在下關的伊藤助大夫家裡，不久她前往長府投靠三吉慎藏，三吉是龍馬在為薩長同盟奔走時由高杉晉作安排保護龍馬的保鑣，龍馬在寺田屋遇襲時正是三吉與龍馬一起並肩作戰，他當然認識阿龍。

在下關的長州志士湊足一點費用送給阿龍，然後由海援隊士將阿龍送至高知城下龍馬生家，阿龍因而首次遇見龍馬經常提及的姊姊乙女。前文有提到「阿龍在某些方面與乙女有著共通點」指的是兩人都不會當時女性該會的家事，但是除此之外乙女和阿龍幾乎沒有共同點，因此乙女無法忍受在她看來毫無教養的阿龍，慶應四年三月才在土佐安頓下來的阿龍，不到三個月就被乙女請出（說白了是被趕出家門）土佐。

離開土佐後，阿龍先後在京都、東京各地流浪，無一技之長的她於明治八年流浪到橫須賀成為一位姓西村的商人的小妾。明治十六年坂崎紫瀾的《汗血千里駒》出版，這本書被阿龍評為「謬誤百出」。明治三十二年，已進入人生晚年的阿龍在土佐出身的漢學者川田瑞穗（號雪山）的幫助下口述與龍馬相處的種種，此書名為《千里駒後日譚》，從書名即可看出是針對《汗血千里駒》而來。

明治三十九（一九〇六）年1月15日阿龍病逝，享壽六十六歲。與龍馬有交情的香川敬三子爵、海軍大將井上良馨男爵（出身神戶海軍操練所）籌集資金為阿龍辦理後事，阿龍的墓位在橫須賀市大津町信樂寺。

18 千葉佐那

在土佐日根野弁治道場已修習五年的龍馬取得「小栗流和兵法事目錄」，在日根野弁治的推薦下，龍馬以遵守《修業（行）中心得大意》的三條內容（專心修習、不奢侈浪費、不沉迷女色）為條件換取父兄同意，於嘉永六年三月十七日以十九歲之齡踏上江戶修行之路。這位愛哭且連簡單的算術也學不會、到十二、三歲還會尿床的才谷屋二少爺首次離開土佐。進入日根野弁治道場學習劍術後龍馬似乎換了人似的，不僅身高急遽增長、力氣變大，從修習劍術中得到的自信使他神情更為堅定。

歷經約一個月的行程龍馬於四月中旬來到江戶桶町千葉道場修習北辰一刀流，在這裡龍馬邂逅生命中另一個佔有極重分量的女人——千葉佐那（或寫為佐奈子）。佐那小龍馬三歲，是桶町千葉道場館主千葉定吉的長女，在她之上有名為重太郎的兄長，底下有名為里幾子、幾久子的妹妹。龍馬的劍術造詣來到千葉道場後持續進步，甚至超越重太郎和佐那，在十五個月修習期限結束前龍馬幾乎只輸給千葉定吉一人。

安政元年六月，龍馬十五個月的修習期限屆滿，龍馬向業師千葉定吉及已成為好友的千葉重太郎辭行，佐那此時已對龍馬產生好感，她牢牢記住龍馬臨行前所說的「一年後定會再返回」的諾言。

龍馬此次返回土佐適逢其父八平病倒，於安政二年十二月四日辭世，再次踏上前往江戶的路途已是安政三年八月十九日，九月下旬抵達江戶，比當初「一年後定會再返回」的承諾逾期超過一年。

龍馬這次前往江戶的修習期限只有一年，安政四年九月屆滿後龍馬再延長一年。安政五年一月，千葉定吉授予龍馬「北辰一刀流長刀兵法目錄」，即一般所謂的免許皆傳，也在此時成為千葉道場的塾頭。據說同年在千葉定吉的主證下，龍馬與佐那訂下婚約（亦有兩人已婚的說法），佐那成為龍馬的未婚妻。不過未婚妻的說法似乎只見於佐那，而且從之後龍馬的行為來看，兩人已婚之說應該不成立。據傳龍馬在此次分別時曾扯下穿在身上印有家紋的黑棉布紋服一隻袖子，將其送給佐那，佐那把這隻袖子視為定情之物，只是龍馬是否也這樣看待呢？

安政五年九月三日，龍馬結束延長一年的劍術修習回到土佐。此後龍馬數年之久不曾再到江戶，文久元年八月龍馬在土佐加入半平太成立的土佐勤王黨，十月龍馬取得日根野弁治道場的「小栗流和兵法三箇條」。旋即以劍術修行名義前往讚岐丸龜藩，不過前往丸龜藩劍術修行只是幌子，龍馬只在丸龜藩待上兩個多月便折往長州，那裡才是以劍術修行名義離開土佐的最終目的。

龍馬以半平太的代表身分在長州整整一個多月幾乎只與久坂玄瑞長談（此時高杉晉作人在江戶），龍馬此行似乎對於「藩」感到反感，文久二年二月底返回土佐後不到一個月毅然與同藩鄉士澤村惣之丞踏上脫藩之路。

脫藩後經過一番折騰龍馬於當年八月來到江戶桶町千葉道場，千葉定吉、重太郎以及佐那均支持龍馬脫藩的決定。因為龍馬脫藩等於宣告與土佐決裂，無處可去的龍馬只能長住江戶，已經將龍馬視為一家人的千葉道場當然歡迎龍馬在江戶住下。

最高興的當然是佐那，自安政五年九月一別，佐那將近四年未再見到龍馬，這四年裡雖然沒有留下文字紀錄，但她對龍馬應該有很深刻的思念，那隻被佐那視為定情之物的袖子在這四年裡佐那想必反覆把玩無數次。

這年十二月九日龍馬和重太郎佯裝前來就教的年輕人前往赤坂本冰川坂下勝海舟的宅邸行刺他，但是反而為勝說服拜在其門下（請見第二部第十四章）。文久三年一月起龍馬多次跟隨勝以海路往返於江戶和神戶尋覓成立海軍操練所的地點，和佐那見面的時間愈益減少，不過此時佐那在龍馬心目中應該還是有著重要的地位。筆者撰寫本書關於龍馬部分的重要參考書目《坂本龍馬歷史大事典》收錄一封文久三年六月十四日龍馬寫給乙女的家書裡提到：

（佐那）今年廿六歲，會騎馬，劍術高強，長刀也難不倒她，力量不輸給一般男性，臉蛋和身材比平井略佳……也會彈十三弦……是當今的平井。

在這封信裡兩次出現的平井即是龍馬的初戀對象平井加尾，龍馬於安政六年被迫斬斷與加尾的戀情，佐那是龍馬生命中的第二個女人，以前任對象與現任對象做比較乃是人之常情。龍馬向來與乙女無所不談，從在家書中提到佐那這點看來，此時龍馬也將佐那視為特別（婚姻？）的對象。

這封信寫完之後的同年十月，龍馬前往神戶擔任剛成立的海軍操練所塾頭，之後不再回到江戶，同時再也沒有和佐那見面。翌年五月龍馬與阿龍邂逅，歷經慶應二年一月的寺田屋襲擊後，龍馬和阿龍結為夫婦，這部分在前文已有提及。

筆者認為，龍馬和阿龍結為夫婦的主要因緣在於寺田屋襲擊這一外在因素，而龍馬和佐那之間並無如此契機，於是對龍馬一往情深的佐那最終只能對黑棉布紋服睹物思人以過餘生。

在與龍馬交往期間佐那曾考慮過改名乙女，這與龍馬在佐那面前經常提及乙女有關。維新回天後千葉道場關閉，佐那先是在學習院女子部擔任舍監，有時會對女學生說出自己是坂本龍馬的未婚妻，之後在千住（東京都足立區）經營千葉灸治院，《龍馬傳》第三季片頭岩崎彌太郎搭著人力車接受佐那灸治的畫面，由來即是根據這一史實。

佐那和阿龍在龍馬暗殺前並無見面的紀錄，不過前文提及阿龍晚年的口述著作《千里駒後日譚》中有提及佐那，阿龍離開土佐龍馬生家後曾輾轉前往京都、東京，也許在流落東京時曾與佐那見過面。

二〇一〇年以前普遍認為佐那因為思念龍馬終生未嫁，不過在二〇一〇年發現佐那曾於明治七年與一名鳥取藩士山口菊次郎結婚的記載。千葉定吉早年曾在鳥取藩擔任劍術師範，他與重太郎都有鳥取藩士的身分，因此佐那與鳥取藩士成親很有可能是透過千葉定吉或重太郎的介紹。至於佐那是如何看待這樁婚事由於並無文字紀錄留下，因此並不清楚，不過這樁婚姻並沒有維持很久，似乎可以證明並非出自佐那的本心。

佐那與一位常來千葉灸治院的病患小田切謙明夫婦熟識，後來跟隨小田切夫婦前往山梨縣甲府市定居，在與佐那的互動中小田切夫婦得知佐那與龍馬有著極深的淵源。明治廿九（一八九六）年10月15日佐那辭世，享壽五十九歲。儘管小田切謙明早於佐那辭世，但小田切的後人遵照前人指示在佐那位於清運寺（山梨縣甲府市朝日五丁目）的墓碑上刻下「坂本龍馬室」等字樣。

19 三木琴

大河劇《篤姫》肝付尚五郎（小松帶刀）對篤子的一往情深想必感動很多觀眾，也是這部大河劇能夠有極高收視率的原因之一，只不過小松與篤子的感情並非基於史實，而是出於編劇的杜撰。

史實上的小松帶刀生命中只有兩位女人，一為正室近(或名千賀)，一為側室琴，當中的琴即是本篇的主人公。

小松帶刀出身薩摩藩喜入領主肝付氏，年俸五千五百石，算得上薩摩藩的名門望族，不過還不到可以擔任家老的程度。小松之所以在幕末・維新史留名很大原因在於成為小松家養子之故，之後被薩摩藩國父島津久光任命為家老。小松帶刀是以婿養子身分繼承小松家，因此他必須娶前任家督小松清猷之妹阿近，阿近年紀大小松七歲，而且身體虛弱，難以寄望能懷上身孕。

雖然如此，小松很疼愛阿近，安政三年與阿近結婚即有留下與阿近前往霧島旅行的文字紀錄，比前文提到的龍馬和阿龍還早約十年。不過文久二年被提拔為家老跟隨久光上洛，之後與遇赦歸來的西鄉以及大久保長年坐鎮京都，與阿近一年也見不上 次面。

文久三年起小松認識祇園藝妓阿琴，阿琴代替阿近照顧人在京都的小松。阿琴舊姓三木，不知何許人也，生於弘化四(一八四八)年，足足比阿近小二十歲。小松看上阿琴可能與她祇園藝妓身分有關，祇園藝妓在倒幕派與佐幕派都很吃得開，情報相當靈通，讓阿琴棲身祇園有助於蒐集佐幕派（主要為新選組）的最新資訊。

慶應元年小松決定為阿琴贖身，把她接到自己位在京都的宅邸（即簽訂薩長同盟之處），慶應二年及明治三年阿琴先後為小松生下長男安千代及長女壽美。

小松在慶應三年身體出現狀況，因此缺席翌年年初的鳥羽．伏見之戰，儘管如此仍以維新之功得到一千石賞典祿的賞賜。明治三（一八七〇）年七月廿日，小松因下肢腫脹病逝大阪，享年三十六歲。阿琴陪伴小松走完人生最後的路程，依照小松遺言，阿琴帶著長男安千代返回薩摩交由阿近撫養，自己則帶著長女壽美住在小松的好友五代友厚位在大阪的宅邸。

明治七（一八七四）年8月27日，阿琴病逝大阪，得年廿七歲。

20 愛加那

西鄉吉之助一生曾遭到兩次流放外島的命運，第一次是安政大獄期間與勤王僧侶月照相約在錦江灣跳海，結果月照死去，西鄉活下來。倖存的西鄉立即被已故藩主齊彬生父齊興批准流放到奄美大島，美其名是要避開幕府的追查，實則是齊興不願為西鄉得罪幕府。

安政五年的最後一日，西鄉化名菊池源吾坐在船裡離開山川港，安政六年一月十二日抵達流放地——位於奄美大島北部的龍鄉村（鹿兒島縣大島郡龍鄉町），十個月後西鄉與島上望族之女愛加那結婚。

愛加那的名字其實並不正確，本姓龍，原名於戶間金，和西鄉結婚後改名愛子。西鄉曾在嘉永五年有過一段婚姻，對象是同藩藩士伊集院兼寬之姊須賀，這段婚姻因為西鄉經常不在家裡（被齊彬派往京都、江戶等地），且西鄉家成員眾多讓須賀身心俱疲而在兩年後離異。

西鄉第一次流放外島時間約三年整，當時西鄉與愛加那間生下一男名為菊次郎。文久二年一月，西鄉獲赦返回薩摩，西鄉臨別前愛加那再度懷孕，一想到小孩一生下來即見不到父親，愛加那內心之痛可想而知，然而藩命難違，愛加那縱有千般不捨也只得放手讓西鄉離去。

返回薩摩後的西鄉因不配合久光的計畫，再次被流放到外島，這次流放到奄美大島西南方的德之島。得知西鄉再次被流放的消息後，愛加那於同年八月帶著菊次郎和剛出生的女兒搭船到島上與西鄉共享天倫，西鄉為剛出生的女嬰命名為菊子。

一個月後西鄉轉而流放至離奄美大島更遠、面積比德之島更小的沖永良部島，這裡是薩摩藩流放重刑犯之地，物質和衛生條件都非常惡劣，愛加那無法再藉由搭船來到沖永良部島探望西鄉。

島津久光在八．一八政變後的參預會議觸礁，亟思改變現狀之道，在家臣的建議下不得不赦免西鄉，借重他的智慧以改變現狀，於是被流放超過一年半的西鄉再次獲赦。元治元年二月廿一日在沖永良部島搭船返回薩摩的西鄉，先是將船開到奄美大島與愛加那、菊次郎、菊子三人共度三日，之後離開奄美大島，此後終其一生西鄉未再與愛加那見面，兩人的婚姻實際大概只維持二年三個月，明治三十五（一九〇五）年愛加那病逝大島龍鄉村。

明治二年，愛加那託人將菊次郎送回薩摩西鄉家，雖然當時她已知西鄉再婚（糸子），菊子則遲至明治六年才送回西鄉家。之後的西南戰爭菊次郎加入西鄉軍，在戰爭中菊次郎右腿遭槍彈打傷，但是幸運地被西鄉軍送往叔父西鄉從道處投降，因此保住性命。之後菊次郎進入外務省，明治廿八年前往日本最初的殖民地台灣，在台四年半前後擔任基隆支廳長、宜蘭廳長官，返回日本後擔任六年京都市長。

最後在此破除一個網路謠言。菊次郎明明是西鄉長男為何卻以次郎命名？網路上的解答為西鄉在嘉永四（一八五一）年奉齊彬密令前來台灣，在宜蘭與當地女子生下一男，他才是西鄉的長男，而菊次郎其實是次男，因此以次郎之名命名。

西鄉有無來過台灣並未在嚴謹的史料中得到證實，儘管民間言之鑿鑿，事實上應該比較接近「嘉慶君遊台灣」之類的民間創作。菊次郎之所以命名為次郎是因為愛加那刻意要保留太郎之名給日後西鄉正妻的長男。愛加那很清楚地知道雖然在西鄉流放期間與之成親，但西鄉日後終有獲赦返回薩摩之時，回到薩摩的西鄉很有可能再娶，屆時西鄉再娶的妻室若生下男孩應該會比菊次郎更適合太郎的名字。

愛加那的顧慮日後成真，慶應元年西鄉與薩摩藩士岩山八郎太直溫的次女糸子再婚，隔年生下男孩，這個男孩才是「真正的」太郎，被命名為寅太郎。儘管年紀小菊次郎五歲，但是在戶籍上寅太郎才是西鄉的長男。明治廿二（一八八九）年《大日本帝國憲法》頒布的同時，西鄉朝敵的罪名一併解除，同時追贈正三位，之後西鄉被列入華族，爵位敘為侯爵。正三位也好，侯爵也好都是由西鄉的「長男」寅太郎繼承，而非菊次郎，更不是在台灣生下的男嬰。

後記

在三冊《戰國風雲錄》脫稿的同時，我已鎖定幕末時期成為下一個動筆的目標，然而我內心也很清楚自己並不具備立即動筆的實力，不過有個目標作為努力的動力總是好的。為達到深入了解幕末的目的，除大量購買及閱讀相關書籍外，我也下定決心報考歷史博士班，儘管準備時間倉促有限總算還是僥倖考上。

博班那幾年面對較為廣泛的人事物讓向來阿宅的我視野變得開闊，看待事物較能站在不同的思考角度，不過在開闊的視野中我也看清自己並不適合從事學術研究，幾經思考後決定放棄學位。友人多半為我感到惋惜，不過有失必有得，今日之失焉知不是為明日之得鋪路？

儘管放棄博士學位，我仍念茲在茲地追求著動筆寫幕末的目標，到二〇一五年底左右我已有完成本書的信心。萬事俱備，只欠東風，欠缺的是出版社的邀稿。這樣的欠缺並沒有持續太久，隔年暑假遠足文化郭總編透過網路與我聯繫向我邀稿，雖然當時手上還有其他稿約，我仍向郭總編提出幕末的寫作計畫，這是我生命中的另一次幸運。

結束手上的其他稿約後我從二〇一七年六月開始動筆，到今年七月初脫稿，扣除掉處理一些私事的時間外耗時將近一年。本書的參考書目除了少數幾本外幾乎都是我就讀碩班、博班期間收集入手的，當時的辛苦付出讓我能直接動筆，大幅縮短我寫作本書的時間，也讓我未能完成的博士學位如今看來不致毫無意義。

我在本書中試著加入人物間的對話，這些對話固然一部份有所根據，不過有更多部份是來自野史小說及我的杜撰（尤以第三部最為明顯），目的在於藉由人物對話代替枯燥的歷史敘述、增加本書的可讀性。

執筆前我暫且以《幕末》之名做為本書書名，執筆後曾一度考慮代之以《幕末風雲》，幾個月後我從司馬遼太郎的《幕末》及島崎藤村的《黎明前》（夜明け前）得到靈感而定調以現名作為書名。

感謝遠足文化願意等我一年的時間，並且在我執筆期間舉辦數場幕末講座讓我有機會在拙作上市前，先行向讀者介紹在日本史上精采度不下於戰國時代的幕末，更要感謝遠足文化編輯們的辛苦，讓拙作從文字檔變成紙本書呈現在讀者面前。

感謝交通大學通識教育中心楊永良教授及著名的電視．廣播主持人胡忠信先生為拙作撰序，也要感謝我多年的好友劉至堅先生，多次為我解說幕末武器的相關知識並提供適當的中文譯名，更感謝本書讀者以實際行動支持以筆耕為主業的我。

洪維揚

二〇一八年九月朔日於彰化自宅

參考書目

一、工具書

《日本系譜綜覽》日置昌一編，講談社，2009年12月
《新版日本史年表》歷史学研究会，岩波書店，1991年9月
《日本史年表・地図》児玉幸多編，吉川弘文館，2010年4月
《幕末維新人物事典》歴史群像編集部，学研，2010年3月
《幕末維新大人名事典（上）（下）》安岡昭男編，新人物往来社，2011年4月
《ビジュアル幕末1000人》大石学監修，世界文化社，2009年12月
《幕末維新人物事典》高平鳴海監修，新紀元社，2004年5月
《京都時代MAP幕末・維新編》新創社編，光村推古書院，2005年11月
《有職故実（上）（下）》石村貞吉，講談社，2009年3月

《角川日本史辞典》高柳光寿・竹内理三編，角川書店，1995年11月

二、日文專書

《明治維新》遠山茂樹，岩波書店，2006年5月
《幕末政治家》福地源一郎，平凡社，1989年5月
《徳川十五代史6》内藤恥叟，新人物往来社，1986年3月
《元治夢物語——幕末同時代史》馬場文英，岩波書店，2008年12月
《開国と攘夷　日本の歴史19》小西四郎，中央公論新社，2009年1月
《学説批判　明治維新論》石井孝，吉川弘文館，1961年2月
《日本開国史》石井孝，吉川弘文館，1972年9月
《開国と幕末変革　日本の歴史18》井上勝生，講談社，2009年12月
《幕末政治家》福地源一郎，平凡社，1989年5月
《幕末の外交》大塚武松，岩波書店，1934年4月
《開国・維新——1853～1871　日本の近代1》松本健一，中央公論社，1998年11月
《近世日本国民史　35公武合体篇》徳富蘇峰，時事通信社，1965年3月
《近世日本国民史　和宮御降嫁》徳富蘇峰，講談社，1992年7月

《近世日本国民史　維新への胎動（上）》徳富蘇峰，講談社，1993年10月
《近世日本国民史　維新への胎動（下）》徳富蘇峰，講談社，1996年11月
《幕末政治と薩摩藩》佐々木克，吉川弘文館，2004年10月
《幕末の天皇・明治の天皇》佐々木克，講談社，2005年11月
《大久保利通と明治維新》佐々木克，吉川弘文館，2007年9月
《敗者たちの幕末維新　徳川を支えた13人の戦い》武光誠，PHP文庫，2007年9月
《夜明け前　第一部（上）（下）》島崎藤村，岩波書店，2008年7月
《再夢紀事・丁卯日記》日本史籍協会編，東京大学出版会，1988年2月
《幕末の長州》田中彰，中央公論社，1994年10月
《幕末維新史の研究》田中彰，吉川弘文館，1996年3月
《幕末維新——奔流の時代》青山忠正，文永堂，1998年1月
《政治史Ⅲ　体系日本史叢書3》大久保利謙，山川出版社，1985年11月
《岩倉具視——維新前夜の群像》大久保利謙，中央公論社，1990年8月
《幕末の将軍》久住真也，講談社，2009年3月
《酔って候》司馬遼太郎，文藝春秋，2004年8月
《オールコックの江戸——初代英国公使が見た幕末日本》佐野真由子，中央公論新社，2003年8月
《幕末政治と倒幕運動》家近良樹，吉川弘文館，1995年11月

《孝明天皇と「一会桑」――幕末・維新の新視点》家近良樹，文芸春秋，2002年1月
《長州戦争――幕府瓦解への岐路》野口武彦，2006年3月
《坂本龍馬歴史大事典　別冊歴史読本27》新人物往来社，2008年11月
《歴史読本　特集坂本龍馬》新人物往来社，1979年12月
《幕末大全　上巻　黒船来航と尊攘の嵐》学研，2004年4月
《幕末大全　下巻　維新回天と戊辰戦争》学研，2004年5月
《幕末史》半藤一利，新潮社，2009年3月
《坂本龍馬を斬った男　幕臣今井信郎の証言》今井幸彦，新人物往来社，2009年12月
《龍馬史》磯田道史，文芸春秋，2017年2月
《龍馬暗殺　幕末最大の謎　闇からの刺客を暴く》世界文化社，1998年1月
《近世日本国民史　明治維新と江戸幕府（一）～（四）》徳富蘇峰，講談社，1979年11月
《カメラが撮らえた　幕末三〇〇藩　藩主とお姫様》歴史読本編集部，角川書店，2016年2月
《藩史物語1　薩摩・長州・土佐・佐賀》八幡和郎，講談社，2009年12月
《幕末の薩摩――悲劇の改革者、調所笑左衛門》原口虎雄，中央公論社，1968年6月
《大名の日本地図》中嶋繁雄，文芸春秋，2004年1月
《幕末維新人物列伝》奈良本辰也，たちばな出版，2005年12月
《維新の回天と長州藩――倒幕へ向けての激動の軌跡》相澤邦衛，新人物往来社，2006年4月
《決定版日本剣客事典》杉田幸三，河出書房新社，2008年10月

《徳川家が見た幕末維新》徳川宗英，文芸春秋，2010年2月
《維新革命前夜物語》白柳秀湖，千倉書房，1940年1月

三、簡體中文書

《黑船異變：日本開國小史》加藤祐三，東方出版社，2014年12月
《黑船來航——對長期危機的摸索與美國使節的到來》三谷博，社會科學文獻出版社，2013年3月
《從幕末到明治：1853—1890》佐佐木克，北京聯合出版公司，2017年1月
《明治維新逸史》勝部真長，吉林出版集團有限責任公司，2014年8月
《新選組》松浦玲，吉林出版集團有限責任公司，2013年11月
《明治大帝》飛鳥井雅道，人民出版社，2011年10月

四、繁體中文書

《日本史（三）》鄭學稼，黎明文化事業股份有限公司，1985年10月
《日本近代政治史（一）》信夫清三郎，桂冠圖書公司，1990年7月
《龍馬行（一）～（八）》司馬遼太郎，遠流出版公司，2011年11月～2013年1月

《幕末史》半藤一利　遠足文化，2017年10月

五、傳記、日記、回憶錄

《阿部正弘——日本を救った幕末の大政治家》祖父江一郎，PHP文庫，2002年6月

《島津斉彬公伝》池田俊彦，中央公論社，1994年5月

《幕末維新人物列伝》奈良本辰也，たちばな出版，2005年12月

《大久保利通傳（上）（中）》勝田孫弥，同文館，1910年10月

《昔夢会筆記——徳川慶喜公回想録》渋沢栄一編，平凡社，1999年12月

《一外交官の見た明治維新（上）（下）》アーネスト・サトウ，岩波書店，2004年1月

《遠い崖——アーネスト・サトウ日記抄1～6》萩原延壽，朝日新聞出版，2007年10月

六、網站

http://www4.plala.or.jp/bakumatsu/top.htm

http://www.bakusin.com/eiketu/

http://bakutora.japanserve.com/

附錄

一、江戶時代時辰與現代時間對照表

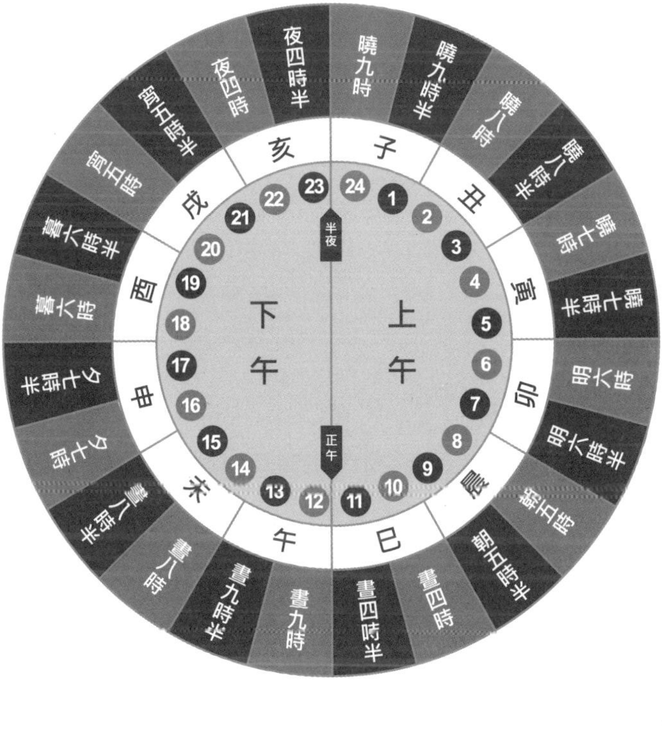

1857 1856 1855 1854 1853 1852 1851 1850 1849 1848

11.27

安政 嘉永 天保

11.26 2.28

德川家慶(慎德院)

天保八年九月二日～嘉永六年六月廿二日
(1837)

德川家定(溫恭院)

嘉永六年十月廿三日～安政五年七月六日

二、幕末年號與將軍在位年間對應表

圖片來源：〈德川御代記〉國立國會圖書館所藏

孝明天皇

1868 1867 1866 1865 1864 1863 1862 1861 1860 1859

9.7 —— 4.7 2.19 —— 2.19 3.17 ——

慶應 元治 文久 萬延

4.6 — 2.20 2.18 — 3.18

徳川家茂(昭德院)

安政五年十月廿五日～慶應二年七月廿日

德川慶喜

慶應二年十二月五日～慶應三年十二月九日

明治天皇

三、幕末年號改元表

嘉永（一八四八年二月廿八日～一八五四年十一月廿六日）
安政（一八五四年十一月廿七日～一八六〇年三月十七日）
萬延（一八六〇年三月十八日～一八六一年二月十八日）
文久（一八六一年二月十九日～一八六四年二月十九日）
元治（一八六四年二月二十日～一八六五年四月六日）
慶應（一八六五年四月七日～一八六八年九月七日）

四、幕末時期大老・老中在職年間一覽

大老・老中（◎者表示大老）

阿部正弘（備後福山藩）天保十四（一八四三）年閏九月十一日～安政四年六月十七日

牧野忠雅（越後長岡藩）天保十四年十一月三日～安政四年九月十日
松平乗全（三河西尾藩）嘉永元年十月十八日～安政二年八月四日
松平忠優（信濃上田藩）嘉永元年十月十八日～安政二年八月四日
久世廣周（下總關宿藩）嘉永四年十二月廿一日～安政五年十月廿七日
內藤信親（越後村上藩）嘉永六年九月十五日～文久二年五月廿六日
堀田正睦（下總佐倉藩）安政二年十月九日～安政五年六月廿三日
脇坂安宅（播磨龍野藩）安政四年八月十一日～萬延元年十一月十九日
松平忠固（即松平忠優）安政四年九月十三日～安政五年六月廿三日
◎井伊直弼（近江彥根藩）安政五年四月廿三日～萬延元年三月三日
太田資始（遠江掛川藩）安政五年六月廿三日～安政六年七月廿三日
間部詮勝（越前鯖江藩）安政五年六月廿三日～安政六年十二月廿四日
松平乗全（三河西尾藩）安政五年六月廿三日～萬延元年四月廿八日
安藤信正（陸奧磐城平藩）萬延元年一月十五日～文久二年四月十一日
久世廣周（下總關宿藩）萬延元年閏三月一日～文久二年六月二日
本多忠民（三河岡崎藩）萬延元年六月廿五日～文久二年三月十五日
松平信義（丹波龜岡藩）萬延元年十二月廿八日～文久三年九月五日
水野忠精（出羽山形藩）文久二年三月十五日～慶應二年六月十九日

板倉勝静（備中松山藩）文久二年三月十五日～元治元年六月十八日
脇坂安宅（播磨龍野藩）文久二年五月廿三日～文久二年九月六日
小笠原長行（肥前唐津藩）文久二年九月十一日～文久三年六月九日
井上正直（遠江濱松藩）文久二年十月九日～元治元年七月十二日
太田資始（遠江掛川藩）文久三年四月廿七日～文久三年五月十四日
酒井忠績（播磨姫路藩）文久三年六月十八日～元治元年六月十八日
有馬道純（越前丸岡藩）文久三年七月五日～元治元年四月十二日
牧野忠恭（越後長岡藩）文久三年九月十三日～慶應元年四月十九日
稲葉正邦（山城淀藩）元治元年四月十一日～慶應元年四月十一日
阿部正外（陸奥白河藩）元治元年六月廿四日～慶應元年十月一日
諏訪忠誠（信濃高島藩）元治元年六月廿九日～慶應元年四月十九日
松前崇廣（蝦夷福山藩）元治元年七月七日～慶應元年十月一日
松平宗秀（丹後宮津藩）元治元年八月十八日～慶應二年七月廿五日
本多忠民（三河岡崎藩）元治元年十月十三日～慶應元年十二月十九日
◎酒井忠績（播磨姫路藩）元治二年二月一日～慶應元年十一月十二日
松平康直（陸奥棚倉藩）慶應元年四月十二日～慶應元年十月十六日
小笠原長行（肥前唐津藩）慶應元年九月四日～慶應二年十月六日

板倉勝靜（備中松山藩）慶應元年十月廿二日～慶應四年一月廿九日
松平康直（陸奧棚倉藩）慶應元年十一月十日～慶應四年二月五日
井上正直（遠江濱松藩）慶應元年十一月廿六日～慶應三年六月十七日
稲葉正邦（山城淀藩）慶應二年四月十三日～慶應四年二月廿一日
松平乘謨（信濃田野口藩）慶應二年六月十九日～慶應四年二月五日
水野忠誠（駿河沼津藩）慶應二年七月十三日～慶應二年十月廿八日
小笠原長行（肥前唐津藩）慶應二年十一月九日～慶應四年二月十日
稲葉正巳（安房館山藩）慶應二年十二月十六日～慶應四年二月三日
久松定昭（伊予松山藩）慶應三年九月廿三日～慶應三年十月十九日
大河內正質（上總大多喜藩）慶應三年十一月十五日～慶應四年二月九日
酒井忠惇（播磨姫路藩）慶應三年十二月二十日～慶應四年二月五日
立花種恭（筑後三池藩）慶應四年一月十日～慶應四年二月五日

五、江戶幕府職制表（*為安政、文久改革後新設）

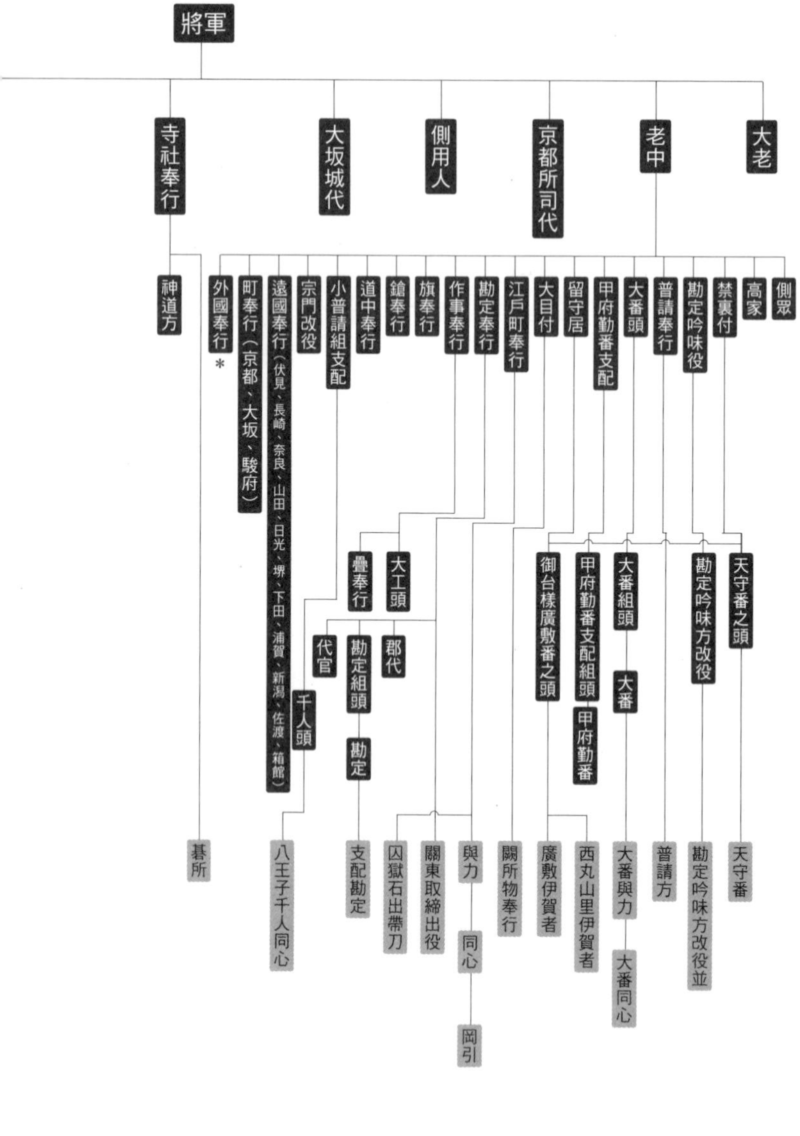

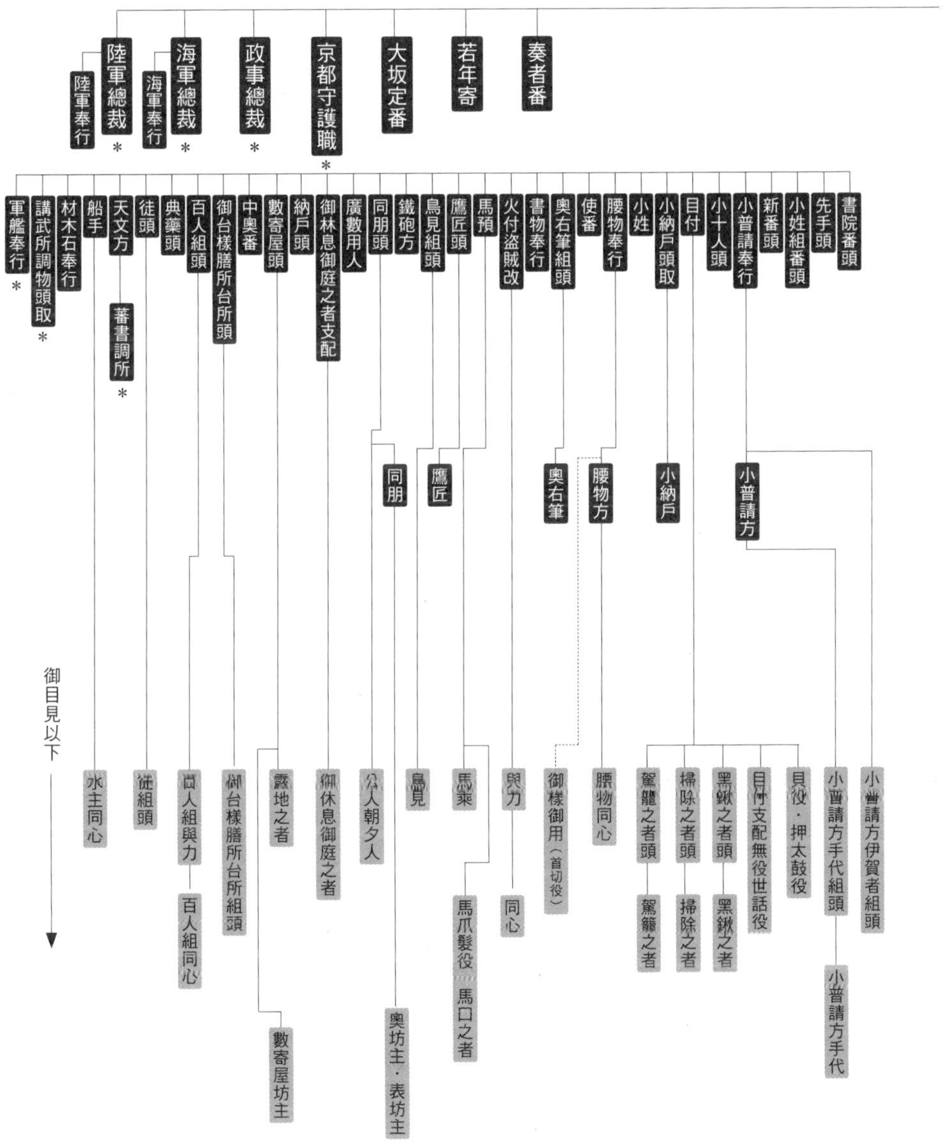

奏者番
若年寄
大坂定番
京都守護職 *
政事總裁 *
海軍總裁 *
海軍奉行
陸軍總裁 *
陸軍奉行
書院番頭
先手頭
小姓組番頭
新番頭
小普請奉行
小十人頭
目付
小納戶頭取
小姓
腰物奉行
使番
奧右筆組頭
書物奉行
火付盜賊改
馬預
鷹匠頭
鳥見組頭
鐵砲方
同朋頭
廣數用人
御林息御庭之者支配
納戶頭
數寄屋頭
中奧番
御台樣膳所台所頭
百人組頭
典藥頭
徒頭
天文方
蕃書調所 *
船手
材木石奉行
講武所調物頭取 *
軍艦奉行 *
小普請方
小納戶
腰物方
奧右筆
鷹匠
同朋
御目見以下
小普請方伊賀者組頭
小普請方手代組頭
小普請方手代
貝役・押太鼓役
目付支配無役世話役
黑鍬之者頭
黑鍬之者
掃除之者頭
掃除之者
駕籠之者頭
駕籠之者
腰物同心
御樣御用（首切役）
與力
同心
馬乘
馬爪髮役
馬口之者
鳥見
公人朝夕人
奧坊主・表坊主
御休息御庭之者
露地之者
數寄屋坊主
御台樣膳所台所組頭
百人組與力
百人組同心
徒組頭
水主同心

附錄

國家圖書館出版品預行編目(CIP)資料

幕末:日本近代化的黎明前/洪維揚著.——初版.——
新北市:遠足文化,2018.10
ISBN 978-957-8630-75-8(第1冊:平裝)
ISBN 978-957-8630-75-8(第2冊:平裝)
ISBN 978-957-8630-75-8(第3冊:平裝)
ISBN 978-957-8630-78-9(全套:平裝)
1. 江戶時代 2. 明治維新 3. 日本史

731.268　　107015413

大河 34

幕末:日本近代化的黎明前 第三部、第四部

作者——洪維揚
執行長——陳蕙慧
總編輯——郭昕詠
行銷總監——李逸文
資深通路行銷——張元慧
編輯——陳柔君、徐昉驊
封面設計——霧　室
製圖——林佳臻
排版——簡單瑛設

社長——郭重興
發行人兼
出版總監——曾大福
出版者——遠足文化事業股份有限公司
地址——231新北市新店區民權路108-2號9樓
電話——(02)2218-1417
傳真——(02)2218-0727
郵撥帳號——19504465
客服專線——0800-221-029
網址——http://www.bookrep.com.tw
Facebook——日本文化觀察局(https://www.facebook.com/saikounippon/)
法律顧問——華洋法律事務所 蘇文生律師
印製——呈靖彩藝有限公司

初版一刷 2018年10月
Printed in Taiwan

歡迎團體訂購,另有優惠,請洽業務部 02-22181417 分機 1124、1135